hänssler

Marion Schneider

Ruf der Schneegänse

Abenteuer eines kleinen Mädchens

Hänssler-Taschenbuch
Bestell-Nr. 393.393
ISBN 3-7751-3393-3

© Copyright 1999 by Hänssler Verlag, D-71087 Holzgerlingen
Umschlaggestaltung: Regine Tholen
Satz: Vaihinger Satz + Druck
Druck und Bindung: Ebner Ulm
Printed in Germany

Inhaltsverzeichnis

1. Die Zeit im Waisenhaus 7
2. Überstürzte Flucht 14
3. In der Fremde 25
4. Ein neuer Tag 31
5. Aufregung im Kinderheim 43
6. Der Fischfang 46
7. Der Räuber in der Nacht 52
8. In Todesgefahr 57
9. Familie Marschall 62
10. Die Begegnung 67
11. Der Biber 77
12. Ein unvergesslicher Abend 85
13. Petzi 90
14. Sorge um Anna 95
15. Der Rettungsversuch 109
16. Jesus vergibt und heilt 113
17. Zurück nach Hause 119
18. Endlich ein Zuhause 123

Die Zeit im 1. Waisenhaus

Trostlos stand das rote Backsteinhaus am Rande der kleinen Siedlung. Die Farbe hatte mit den Jahren ein schmutziges Aussehen bekommen. Es fehlte an allen Ecken und Enden an Geld, das konnte man schon von weitem sehen.

Und genauso trostlos lag dort im zweiten Stock ein kleines Mädchen auf ihrem Bett und schluchzte kaum hörbar in ihr Kissen. Zwei Monate waren es nun, seit Anna hier im Waisenhaus war. Annas Mutter war vor etwas über einem Jahr gestorben. An ihren Vater konnte sie sich kaum noch erinnern. Er war verunglückt, als Anna vier Jahre alt war. Nach dem Tode der Mutter hatte eine entfernte Verwandte Anna zu sich genommen. Aber Anna war kaum ein paar Monate bei ihr, da fühlte sich Tante Zelia mit der Erziehung der Kleinen überfordert. Sie hatte nicht das nötige Feingefühl und die nötige Liebe, die ein Kind braucht, das soeben seine Mutter verloren hat. Man konnte ihr deshalb nicht einmal böse sein, da sie selbst drei lebhafte Jungs hatte und genug damit zu tun hatte, sie zu bändigen.

So stand Anna schon bald vor jenem trostlos aussehenden Backsteinhaus. Hier sollte sie also von nun an ihr Zuhause haben. Anna hatte das Haus von Anfang an nicht gemocht und daran hatte sich in den drei Monaten nichts geändert. Etwa vierzig Kinder wohnten hier, die je nach Alter in vier Gruppen aufgeteilt waren. Anna war die Letzte, die zu ihnen gekommen war, und somit immer noch die Neue. Ein Mädchen hatte begonnen sich mit Anna anzufreunden, sie hieß Clarissa. Sie war wie ein Stern in Annas trübsinnigem Dasein. Als Anna daran dachte, wurde sie erneut vom Kummer überwältigt. Ab und zu, jedoch ziemlich selten, kamen Ehepaare ins Waisenhaus, um ein Kind auszusuchen und mitzunehmen. So auch vor zwei Wochen. Clarissa, die ein Jahr jünger als Anna war, hatte es ihnen mit ihren blonden Locken und ihrer fröhlichen Art sofort angetan und es dauerte gar nicht lange, da wurde Clarissa von dem Ehepaar abgeholt. Wieder einmal schien für Anna eine Welt zusammen-gebrochen zu sein. Je trauriger Anna war, desto mehr schien es einigen Mädchen zu gefallen, Anna zu ärgern. Aber seit ein paar Tagen reifte in Anna ein Entschluss: Sie würde weglaufen aus diesem Haus, wo sowieso keiner sie mochte. Und die Leute, die hierher kamen, um sich ein Kind auszusuchen, wollten alle jüngere Kinder haben. Also musste Anna sich selbst auf die Suche nach neuen Eltern machen. Wie, das wusste sie noch nicht. Anna wusste nur eines, sie wollte wieder eine Mutter haben – eine Mutter, die ihrer Mutter ähnlich war. So gütig und liebevoll, immer für sie da, wenn sie sie brauchte. Ich bin nun zehn Jahre alt, überlegte Anna, wenn ich noch länger warte, wird mich gar niemand mehr wollen. Anna wusste aus den Erzählungen der anderen Kinder, dass die Leute, die ein Kind adoptieren wollten, meist nur kleine Kinder nahmen. Also hieß es, sich alleine auf die Suche zu machen. Aber zuerst musste sie sich irgendwo für eine Zeit lang versteckt halten, sonst würde die Polizei sie schon bald wieder zurückbringen.

Nach und nach verstummte das Schluchzen. Die grünen Augen begannen unternehmungslustig zu funkeln. Das kleine Stupsnäschen kraus ziehend sann Anna nach. Etwas zu essen brauche ich, etwas, was nicht so schnell verdirbt. Da kam Anna eine Idee: Sie würde einfach jeden Tag etwas Brot in ihre Tasche stecken und es auf ihrem Schrank zum Trocknen ausbreiten. Dort würde es niemand finden. Und trockenes Brot konnte man lange aufheben. Auch wenn es nicht besonders schmeckte, man konnte davon leben, davon war Anna überzeugt.

Oh, da läutete es schon zum Essen. Anna sprang schnell zum Waschbecken, um sich die verweinten Augen zu kühlen. So sollte sie keiner sehen. Käte würde sie sonst nur noch mehr quälen. Ständig schien sie nach einem Anlass zu suchen, Anna eins auszuwischen. So, die Augen sahen kaum noch gerötet aus. Schnell bürstete Anna sich noch das dicke rote Haar, das ihr glänzend über die Schultern fiel. Ihre ausdrucksvollen grünen Augen und ihre roten Haare gaben ihr etwas Besonderes. Anna war ein hübsches Mädchen, obwohl sie selbst ihre roten Haare hasste. Schon öfter hatte sie wegen ihrer Haare Hänseleien einstecken müssen. Manchmal wurde sie rote Hexe oder Feuerteufel genannt. Da nutzte es auch nichts, dass Frau Dexter, die Leiterin ihrer Gruppe, ihr immer wieder versicherte, wie schön ihr rotes Haar war.

Anna stürzte die Treppe hinunter zum Speisesaal. Jetzt würde sie wahrscheinlich die Letzte sein, und damit alle Aufmerksamkeit auf sich lenken.

Schnell lief Anna auf ihren Platz. Ein spöttischer Blick von Käte traf sie. Aber heute machte ihr das komischerweise nicht so viel aus wie sonst.

»Ruhe Kinder« – Frau Dexter klatschte energisch in die Hände. »Wir wollen noch zusammen beten und dann beginnen.« Das Gemurmel verstummte augenblicklich. »Vater segne diese Speise, uns zur Kraft und dir zum Preise, Amen. Guten Appetit.« Es war fast bei jeder Mahlzeit das gleiche Gebet. Annas Mutter hatte auch oft mit Anna gebetet, aber ihre Gebete waren anders gewesen. Anna hatte dabei das Empfinden, als wenn ihre Mutter wirklich mit einer Person redete. Bei Frau Dexter war es anders. Das verwunderte Anna ein wenig, doch sie konnte es sich nicht recht erklären.

»Du hast aber heute großen Hunger.« Jenny, die neben Anna saß, blickte Anna erstaunt an. Meist musste sie überredet werden, dass sie überhaupt aß. Und nun griff Anna schon nach der dritten Scheibe Brot. Sie konnte ja nicht ahnen, dass Anna den größten Teil des Brotes in ihrer Tasche verschwinden ließ. Anna errötete und zum Glück mischte sich nun Frau Dexter ein, so dass Anna nicht lügen musste. »Es ist schön, dass Anna langsam Appetit bekommt, lass sie nur essen.« Befriedigt nickte sie mit dem Kopf. Sie hatte sich die letzte Zeit wirklich Gedanken um das Kind gemacht, weil es den ganzen Tag nur weinte und immer dünner wurde. Frau Dexter nickte Anna wohlwollend zu, worauf diese noch mehr errötete. »Eigentlich ist sie manchmal richtig nett«, dachte Anna. Aber irgendwie schien sie leider nie richtig mitfühlen zu können, wenn man traurig war – dann wurde sie fast schroff und wirkte unbeholfen. Im Moment jedoch tat Anna dieses aufmunternde Lächeln unwahrscheinlich gut. Es war wie ein kleiner Strom, der ihr wundes Herz erwärmte.

Kurze Zeit später war Anna wieder auf ihrem Zimmer. Sie teilte das Zimmer mit einem anderen Mädchen namens Betty. Anna mochte sie nicht besonders. Betty behandelte sie immer ziemlich von oben herab und gab schrecklich mit ihren reichen Verwandten an – die Anna allerdings noch nie zu Gesicht bekommen hatte, so dass es fraglich war, ob es diese Verwandten überhaupt gab. Betty hatte heute Spüldienst, so dass sie frühestens in einer halben Stunde ins Zimmer kam. So hatte Anna noch etwas Zeit für sich. Schnell nahm sie das Brot aus ihrer Schürze, holte einen Stuhl und legte es oben auf den Schrank. Hier würde es bestimmt niemand finden. Annas Herz klopfte etwas, denn sie hatte kein gutes Gewissen dabei, einfach heimlich das Brot eingesteckt zu haben. Aber sie beruhigte sich damit, dass sie die ganze letzte Zeit so wenig gegessen hatte und dass es eigentlich Brot war, das ihr zustand.

»In zwei bis drei Wochen müsste ich genug Brot haben«, überlegte Anna. »Dann wird es auch schon Ende August sein – später durfte es auf keinen Fall sein, sonst würde es zu kalt werden, um im Freien zu übernachten.« Anna legte sich aufs Bett und sann nach. Sie überlegte, wo sie sich wohl am besten verstecken konnte. In den Städten konnte sie sich nicht aufhalten, denn wahrscheinlich wurde ein bis zwei Tage nach ihrem Verschwinden schon steckbrieflich nach ihr gesucht. Sie musste erst einmal ein ganzes Stück mit dem Zug fahren – so weit, wie sie keiner vermuten würde. Und dann würde sie sich irgendwo im Wald versteckt halten, vielleicht einen Monat oder so. Danach wollte sie sich auf die Suche machen, auf die Suche nach passenden Eltern für sie. Im Park saßen ja manchmal Ehepaare auf einer Bank, vielleicht war da jemand, der sich ein Kind wünschte, irgendwie würde es klappen, da war sich Anna ganz sicher. Die Sehnsucht nach einer Mutter war so groß, dass Wirklichkeit und Träume ineinander verschmolzen.

Anna war ganz in ihre Traumwelt versunken, als Betty das Zimmer betrat. »Na du Schlafmütze! Mit dir ist ja wirklich nichts los«, höhnte Betty, »um die Zeit schon im Bett zu liegen! Ich war noch kurz bei Käte und Doreen im Zimmer, mit denen kann man sich wenigstens vernünftig unterhalten. Du bist einfach zu klein und kindisch für mich und dann noch dein ständiges Geheule.« Geringschätzig wand sich Betty ab, um ihr schwarzes Haar zu bürsten. Anna biss sich auf die Lippen, aber dann brach es aus ihr heraus: »Du brauchst dich gar nicht so aufzuspielen, schließlich bist du gerade ein Jahr älter als ich und ich wette, dass du auch öfter geheult hast, als du neu hier warst.«

Überrascht drehte Betty sich um, so eine Reaktion hatte sie nicht erwartet. Bisher war nie ein Widerwort aus Annas Mund gekommen. Jetzt war sie es, der es die Sprache verschlug. Mit einem mürrischen Brummen wandte sie sich ab. Aber in ihren Gedanken sah sie sich, wie sie vor zwei Jahren zum ersten Mal dieses Haus betrat. Sie hatte sich schrecklich einsam gefühlt und viele Nächte in ihrem Bett geweint. Doch das jetzt zuzugeben, dazu war Betty zu stolz. Dennoch fühlte sie plötzlich so etwas wie Achtung vor Anna und nahm sich vor, in Zukunft freundlicher zu ihr zu sein. An diesem Abend wurde nichts mehr gesprochen zwischen den beiden. Anna las noch ein wenig, aber ihre Gedanken wanderten immer wieder zu der großen Reise, die vor ihr lag. Bald schon würde sie hier alles hinter sich lassen, dann konnten sie reden, so viel sie wollten.

2. Überstürzte Flucht

Es war eine Woche später. Anna hatte gerade das Zimmer gründlich sauber gemacht, wie das einmal die Woche von ihnen erwartet wurde. Da klopfte es an der Zimmertür und Frau Dexter kam herein. »Na Anna, ich glaube, langsam gewöhnst du dich doch bei uns ein, du weinst kaum noch, und dein Appetit ist auch viel besser geworden«, lächelte sie Anna an. Anna wusste nicht, was sie sagen sollte, und nickte nur verlegen. »Ach übrigens«, sagte Frau Dexter, »ich möchte, dass überall gründlich gewischt wird, nebenan im Zimmer haben sie mal wieder nur da gewischt, wo man es sehen kann, ich werde das jetzt regelmäßig überprüfen. Bist du schon fertig mit dem Zimmerputz, Anna?« Anna nickte. »Hast du auch oben auf dem Schrank gewischt?« Frau Dexter wartete Annas Antwort gar nicht erst ab, sondern stellte sich auf die Zehenspitzen, um mit der Hand über den Schrank zu fahren, um, wie sie vermutete, eine dicke Staubschicht zu entdecken. Dabei stieß sie auf etwas Hartes. Frau Dexter zog sich einen Stuhl heran, um der Sache auf den Grund zu gehen. Aber was war denn das? Ein spitzer Schrei entfuhr ihr. »Sag mir sofort, was das zu bedeuten hat, auf dem Schrank liegt ja stapelweise hartes Brot!« Scharf schaute sie Anna an. Anna meinte, ihre Füße würden unter ihr nachgeben, mühsam rang sie nach Worten. »Willst du wohl endlich reden«, herrschte Frau Dexter sie mit zornrotem Kopf an. »Äh, äh, ich wollte das Brot an die Enten verfüttern«, presste Anna mühsam hervor. »Bist du verrückt geworden, das gute Brot! Wenn du nach ein oder zwei Scheiben altem Brot in der Küche nachgefragt hättest, aber das ist ja wohl der Gipfel. Wie kommst du nur auf so etwas Verrücktes. Nicht allein, dass du das Brot einfach geklaut hast, du ziehst uns auch noch die Ratten an! Das hätte ich nicht gedacht von dir, aber da sieht man, wie man sich täuschen kann.« Frau Dexters Stimme bebte vor Zorn. »Hast du diese Verschwendung zu Hause gelernt? Du holst dir sofort eine große Tüte und bringst das Brot in die Küche. Über deine Strafe reden wir dann später.« Damit rauschte Frau Dexter zur Tür hinaus.

Anna ließ sich aufs Bett fallen. Sie hatte einen dicken Kloß im Hals. In ihrem Kopf wirbelten alle Gedanken durcheinander. Warum, warum musste das geschehen? Anna wusste nicht, was am schlimmsten war: dass ihr Versteck entdeckt worden war, dass sie gelogen hatte oder das, was Frau Dexter zum Schluss noch gesagt hatte: »Hast du das zu Hause gelernt?« Nicht nur, dass sie gelogen hatte, sie hatte auch noch ihrer über alles geliebten Mutter große Schande bereitet. Wenn ihre Mutter das noch erlebt hätte, sie eine Diebin, eine Verschwenderin und eine Lügnerin. Anna drehte sich alles im Kopf. Sie verstand selbst nichts mehr. Frau Dexter wusste ja nicht, weshalb sie das Brot genommen hatte. So war es doch nicht, sie war keine Diebin. Anna warf sich aufs Bett und weinte bitterlich. Was sollte nun werden? In die Küche sollte sie das Brot bringen, aber dann wäre es vorbei mit ihrem Plan. Nein, das würde sie nicht tun! Frau Dexter würde es sicher erfahren, was dann? Und auf einmal wusste Anna es: Sie musste es heute tun, heute war der Tag, an dem sie ausreißen würde. Bei dem Gedanken krampfte sich ihr Magen zusammen. Sie hatte die ganze Zeit in einer gewissen Vorfreude gelebt, aber nun, wo es so weit war, hatte sie Angst, eine furchtbare Panik wollte über sie kommen.

Doch was nützte das, sie musste handeln und zwar schnell. Anna schaute auf die Uhr. Es war kurz nach zehn und noch dazu Samstag. Anna wusste nicht, ob heute überhaupt Busse fuhren. Um zwölf wurde zu Mittag gegessen, bis dahin würde sie keiner vermissen – es sei denn, Frau Dexter würde vorher in der Küche nachfragen, ob Anna da gewesen war. Sie durfte keine Zeit verlieren. Wahrscheinlich würde es auch noch keine große Aufmerksamkeit erregen, wenn sie nicht zum Essen erschien. Wenn es einem nicht gut war, konnte man sich entschuldigen lassen und musste nicht am Essen teilnehmen. Das konnte Betty für sie erledigen. Überhaupt, Betty war nur kurz ein paar Hefte kaufen gegangen und musste jeden Augenblick wieder hier sein. Und Anna musste noch alles packen. Anna holte ihren Rucksack hervor und dachte nach, was sie mitnehmen sollte. Viel durfte es nicht sein, es ging nicht allzu viel in den Rucksack, außerdem würde er sonst zu schwer sein. Es war ein sehr heißer Tag, trotzdem nahm Anna auch etwas Wärmeres mit. Etwas Unterwäsche, zwei Hemdchen, einen warmen Pullover und einen wärmeren Rock, halt!, Strümpfe mussten auch noch eingepackt werden. Und die einzigen Erinnerungen, die sie von ihrer Mutter hatte, mussten unbedingt mitgenommen werden. Ganz hinten im Schrank stand ein Kästchen von Mama mit allerlei Schätzen darin. Es enthielt das Wenige, an dem Annas Herz wirklich hing: Ein Kettchen mit einem Medaillon, in dem ein Bild ihrer Mutter war, ein hübsches besticktes Taschentuch, das Mutter gemacht hatte, ein Taschenmesser, einige hübsche Glasmurmeln und etwas Geld, das Anna zu Geburtstagen und sonstigen Gelegenheiten geschenkt bekommen hatte. Das musste für die Zugfahrt reichen. Anna hatte keine Ahnung, wie viel die Fahrt wohl kosten würde, aber mit den Jahren war einiges an Geld zusammengekommen, so dass es eigentlich reichen musste. Ein paar Zündhölzer entdeckte Anna auch noch – wer weiß für was sie diese gebrauchen würde. Sie sah sich schon wie ein Indianer am Lagerfeuer sitzen. Nun war der Rucksack endgültig voll. Das trockene Brot hatte Anna verstaut, aber wenigstens ein Buch wollte sie noch mitnehmen. Anna wählte »Onkel Toms Hütte« aus. Da näherten sich plötzlich Schritte – Betty kam. Schnell stopfte Anna den Rucksack unters Bett, als auch schon die Tür aufging. Betty stürmte herein: »War das ein Einkauf heute, bei dieser Hitze«, schnaufte sie. »Nanu, ist dir nicht gut, du siehst so blass aus«, fragte Betty besorgt. »Ja, ich fühle mich auch gar nicht gut«, gab Anna zurück und es war noch nicht einmal gelogen. »Könntest du so nett sein und Frau Dexter sagen, dass es mir nicht gut geht und ich nicht zum Essen kommen kann?« »Klar, mach ich, leg dich nur ins Bett. Heut ist ja zum Glück keine Schule.« Richtig fürsorglich war Betty heute. So hatte Anna sie noch nie gesehen. Vielleicht hätten sie doch noch Freundinnen werden können, aber dafür war es jetzt zu spät.

»Ich gehe noch für eine Stunde zu Käte und Doreen ins Zimmer, für dich ist es jetzt eh besser, du hast ein bisschen Ruhe, ich sag Bescheid, dass du nicht zum Essen kommst. Mach dir keine Gedanken«, und weg war sie. Anna atmete erleichtert auf. Sie konnte sich sofort auf den Weg machen. Sie zog ihre festen Schuhe an. Das war wohl besser für den Wald als Sandalen. Dann öffnete sie vorsichtig die Tür; es war keiner zu sehen. Ganz leise huschte Anna die Treppe hinunter. Den Haupteingang konnte sie nicht benutzen, von dort aus hätte man sie von einem der Fenster sehen können. Aber es gab noch einen Hinterausgang, der für den Fall eines Brandes oder sonstigen Notfalls zu benutzen war. Durch diese Tür schlüpfte Anna. Ein schmaler gewundener Weg führte Richtung Hauptstraße. Rechts und links blühten herrliche Ginsterbüsche. Die Vögel sangen ein fröhliches Lied und in Annas Herz begann sich so etwas wie Freude zu regen. Ein prickelndes Gefühl durchströmte sie auf einmal – eine Art Abenteuerlust begann sie zu packen. Sie sah sich nicht mehr um.

Nach etwa zehn Minuten war Anna an der Hauptstraße angekommen. Die Uhr zeigte viertel vor elf. Bald würde es im Heim Mittagessen geben. Sie musste noch etwa fünf Minuten bis zur Bushaltestelle laufen. Von dort konnte sie nach Bismarck fahren, wo es einen Bahnhof gab. Kurze Zeit später stand Anna an der Haltestelle. Und es dauerte keine zwei Minuten, da kam schon der Bus. Was für ein unwahrscheinliches Glück hatte sie gehabt. Auf den nächsten Bus hätte sie drei Stunden warten müssen. Anna bestieg den Bus und bezahlte. »Nach Bismarck, bitte.« Anna legte dem Fahrer das Geld hin. »Hast du es nicht kleiner?«, brummte dieser mürrisch. Leider nicht. Anna bekam eine ganze Menge Wechselgeld zurück. Sie wunderte sich über das viele Kleingeld. Im Rechnen war sie nicht gerade gut. Auch hatte sie bisher kaum Gelegenheit gehabt, Einkaufen zu gehen und den Umgang mit Geld zu lernen. Anna suchte sich einen gemütlichen Platz. Der Bus war fast leer um diese Zeit. Es war entsetzlich heiß im Bus. Nach ca. dreißig Minuten Fahrt waren sie in Bismarck.

Hier herrschte reges Treiben. Wo man hinsah, liefen Menschen in alle Richtungen. Anna ging zum Bahnhof. Wohin sollte sie fahren? Sie hatte keine Ahnung. »Ach bitte, Herr Jesus, hilf mir doch irgendwie!« Die Worte kamen einfach aus ihrem Herzen und sie wunderte sich darüber. Anna betete wohl jeden Abend, aber ansonsten – so zwischendurch – hatte Anna eigentlich noch nie gebetet. Sie wusste nicht, dass die Gebete einer Mutter zur rechten Zeit Frucht bringen. Anna sah sich um. Da entdeckte sie auf einmal einen Brunnen, aus dem munter Wasser plätscherte. Mit gierigen Zügen trank Anna das frische kühle Wasser. Das tat gut bei der Hitze.

Anna sah sich um – wo mochte es Fahrkarten zu kaufen geben? Da sah sie in einiger Entfernung den Verkaufsschalter. Eine Menschenschlange stand dort an.

Anna stellte sich hinten an; ohne eine Ahnung zu haben, wo sie eigentlich hin wollte. Fast mechanisch rückte sie Stück für Stück vorwärts. Als Übernächste war sie an der Reihe. Am Schalter stand eine Familie mit zwei Kindern. »Vier Karten nach Calgary«, hörte sie den Mann sagen. Der Herr am Schalter händigte die Fahrkarten aus und wünschte gute Fahrt für die lange Reise. In Annas Kopf fing es an zu arbeiten. Calgary, wo immer das sein mochte, es war weit bis dahin und das war es, was Anna wollte: möglichst weit weg. Ihre Knie begannen zu zittern; gleich kam sie an die Reihe. »Das Geld, lieber Gott, mach doch bitte, dass das Geld reicht.«

»Und du, junge Dame?«, sprach der Mann sie nun auch schon an. »Wo soll's denn hingehen?« »Nach Calgary, bitte«, stammelte Anna. »Du ganz alleine, so weit«, der Mann schaute sie ungläubig an. »Meine Mutter wartet dort auf mich«, kam es über Annas Lippen. »Na dann«, der Mann am Schalter nannte ihr den Fahrpreis und Anna blätterte erleichtert das Geld auf den Tisch. Es hatte gereicht; Anna fiel ein Stein vom Herzen. »Gute Reise, kleines Fräulein.« Er winkte ihr noch nach und weg war sie.

In einiger Entfernung sah Anna die Familie mit den zwei Kindern stehen. Sie würde einfach diesen Leuten nachgehen, sie fuhren ja auch nach Calgary. Es verging ungefähr eine Viertelstunde, bis Anna sich endlich überwand und die Frau ansprach: »Entschuldigen Sie bitte, können Sie mir sagen, wann der Zug nach Calgary kommt und wie lange die Fahrt ungefähr dauert?« »Oh, der Zug müsste jeden Moment hier sein und die Fahrt dauert so ca. fünf Stunden«, erwiderte die Dame freundlich. Fünf Stunden, das war eine lange Fahrt, und Anna fühlte sich mit einem Mal unendlich müde. Die Aufregung am Morgen machte sich nun bemerkbar. Im Zug könnte sie schlafen.

Kurze Zeit später war der Zug da. Die netten Leute waren sehr verwundert, dass Anna die weite Reise alleine machte. Und bereitwillig boten sie ihr an, sich zu ihnen zu setzen, was Anna gerne annahm. »Da, du kannst hier am Fenster sitzen, dann siehst du die schöne Gegend«, bot die freundliche Frau Anna an. »Oh, danke, das ist nett«, Annas Wangen glühten vor Aufregung. »Wir heißen Brown, Elisa und Charles Brown, und das sind unsere Kinder Mike und Luise.« »Ich heiße Anna«, erwiderte diese und ärgerte sich schon im nächsten Moment, dass sie so schnell ihren Namen gesagt hatte. Es war ja nicht unmöglich, dass man schon hier im Zug nach ihr suchen würde. Aber nun war es heraus. Und Anna fühlte sich mit einem Mal nicht mehr so alleine. Wie glücklich mussten die Kinder sein, so nette Eltern zu haben.

»Nun sag mal«, griff Herr Brown noch einmal das Thema auf, »wie kommt es, dass du ganz alleine die weite Reise machst?« Anna errötete. Was sollte sie sagen? Ihre Mutter hatte sie immer ermahnt, nur die Wahrheit zu sagen, und doch, es war ja unmöglich. »Meine Mutter erwartet mich dort, ich war hier in der Nähe zu Besuch«, erwiderte Anna, und sie dachte im

Stillen, dass es eigentlich gar keine Lüge sei. »Ach, so ist das also«, Herr Brown schien sich damit zufrieden zu geben. Mike und Luise fingen an zu quengeln: »Papa, du hast uns doch versprochen, mit uns während der Fahrt zu spielen.« »So, hab ich das«, lächelte Herr Brown verschmitzt, und schon bald war das Abteil mit lustigem Gelächter erfüllt. Sie machten Fingerspiele, erzählten lustige Reime und Herr Brown dachte sich immer wieder neue Geschichten aus. Anna nahm Anteil an allem; aber bald wurde ihre Müdigkeit übermächtig und sie schlief, den Kopf an die Scheibe gelehnt, ein. Sie bemerkte nicht, dass ungefähr zwei Stunden später ein Mann die Reisepässe der Fahrgäste kontrollierte. Er warf nur einen flüchtigen Blick auf die Pässe und ging dann weiter, in der Annahme, Anna gehöre zur Familie Brown. Hätte Anna nicht so fest geschlafen, wäre ihre Reise hier schon zu Ende gewesen.

Anna schlief tief und fest. In ihrem Traum befand sie sich in einer anderen Welt. Sie saß auf einer riesigen Schaukel in einem wunderschönen Garten. Ihr gegenüber, in einer Laube, saß eine Frau mit den gütigsten Augen, die Anna jemals gesehen hatte ...

Anna musste wohl etwa drei Stunden geschlafen haben, als sie vom sanften Schaukeln des Zuges wieder erwachte. Wo war sie? Ganz langsam, wie durch einen Nebel, kehrte die Erinnerung zurück. Anna schaute auf ihre kleine Taschenuhr – es war bereits halb fünf.

»Na, du Langschläfer.« Frau Brown lachte sie freundlich an. »So einen guten Schlaf möchte ich auch mal haben. Wir sind gerade beim Essen, ich habe Proviant für eine zehnköpfige Familie mitgenommen. Sicher hast du jetzt einen Bärenhunger.« »Oh danke, wenn ich ehrlich bin, habe ich einen ganz schönen Hunger«, erwiderte Anna erfreut. Frau Brown hielt ihr einen Korb mit leckeren belegten Brötchen hin und Anna griff ungeniert zu. Wie gut das schmeckte! Seit dem Frühstück hatte Anna nichts mehr gegessen. Anna durfte zugreifen, bis sie wirklich rundherum satt war. Wohlig rekelte sie sich auf ihrem Sitzplatz. »Wie lang fahren wir ungefähr noch?« »Du bist bald bei deiner Mutter«, Herr Brown blinzelte ihr fröhlich zu. Etwas zog sich in Annas Herzen zusammen. Die netten Leute konnten ja nicht wissen, was sich in Wahrheit in ihrem Herzen abspielte. »Ich schätze mal, dass wir so ungefähr noch eineinhalb Stunden fahren.« Anna blickte aus dem Fenster. Herrliche Landschaften zogen an ihnen vorüber. Anna sah Familien bei der Ernte auf den Feldern, dann sah man wieder kilometerweit keinen Menschen, nur riesige grüne Wiesen und im Hintergrund, beinahe zum Greifen nahe, erstreckten sich in majestätischer Schönheit riesige Bergketten. Anna hielt den Atem an, mit so einer herrlichen Aussicht hatte sie nicht gerechnet. Es kam ihr wie im Paradies vor. Sie fuhren an glasklaren smaragdblauen Seen vorbei. Ab und zu sah Anna riesige Greifvögel, die im Sturzflug zu Boden schossen, um sich eine Maus oder ein anderes Kleintier als Beute zu ergreifen. Noch nie zuvor hatte Anna solch eine herrliche Gegend gesehen. Stundenlang hätte sie noch so weiterfahren können. Die kleine Luise konnte Annas Begeisterung nicht ganz teilen – sie wurde langsam immer quengeliger. So fing Herr Brown wieder an, spannende Geschichten zu erzählen. Die Zeit verflog im Nu, jedenfalls kam es Anna so vor. Allmählich wurde der Zug langsamer. Hin und wieder kamen sie jetzt an Häusern vorbei. So mussten die Häuser damals im Wilden Westen ausgesehen haben, von dem Annas Mutter ihr früher mal vorgelesen hatte. Plötzlich rief jemand laut durch den Zug: »Wir sind in zwei Minuten in Calgary, bitte halten Sie sich bereit!«

In der 3. Fremde

Aufgeregt hüpften Luise und Mike auf ihren Sitzen herum. »Wir sind da, wir sind da!« Mit lautem Quietschen hielt der Zug. Anna warf sich ihren Rucksack über, die Türen gingen auf und Anna stand auf dem Bahnhof von Calgary, gefolgt von Familie Brown. »Siehst du schon deine Mutter?«, fragte Herr Brown. »Nein, aber sie wird bestimmt bald kommen«, Anna errötete. »Nun, wir haben zwar eine Verabredung, aber ein paar Minuten können wir noch bei dir bleiben und mit dir warten«, meinte Herr Brown gutmütig. »Oh, das ist sehr nett von Ihnen, aber es ist nicht nötig. Ich laufe ein bisschen auf und ab und sehe mir alles an. Sie können ruhig schon gehen.« In Annas Magengegend begann es vor Aufregung zu kribbeln – Angst kam in ihr hoch. Was sollte aus ihr werden, und wie oft hatte sie an diesem Tag nicht die Wahrheit gesagt. Ganz heiß wurde ihr plötzlich bei dem Gedanken. Herr Brown sah auf die Uhr. »Ja, wenn es dir wirklich nichts ausmacht, gehen wir doch, damit wir pünktlich sind.« »Wenn etwas sein sollte, wenn du deine Mutter nicht findest oder so, sprichst du einfach einen der Bahnbeamten dort drüben an.« Anna nickte. Sie verabschiedeten sich herzlich voneinander und Anna bedankte sich noch einmal für alles. Noch eine ganze Weile winkten sie sich zu – Mike und Luise sahen sich immer wieder um, bis sie nicht mehr in Sichtweite waren.

Mit einem Mal fühlte sich Anna unendlich einsam. Was sollte jetzt geschehen, wohin sollte sie gehen? Sie musste raus aus der Stadt, so viel war klar. Bestimmt wurde mittlerweile nach ihr gesucht. Anna kamen Zweifel, ob es richtig war, einfach wegzulaufen. Aber noch viele Jahre in diesem Waisenhaus zuzubringen, dieser Gedanke erschien ihr genauso unerträglich. Anna kämpfte mit den Tränen. Langsam lief sie vom Bahnhof weg – ziellos, einfach der Nase nach. Hier gab es größere Häuser, nicht die gemütlichen Holzhäuschen, die sie am Stadtrand gesehen hatte. Es war so vieles zu sehen. Menschen liefen teils zielstrebig, teils schlendernd an ihr vorüber. Anna sah Männer mit großen Cowboyhüten. Die Frauen hatten meist lange, hübsche Kleider im Westernstil an. Aber auch Menschen mit einer etwas anderen Hautfarbe sah Anna. Sie ging an einem Mann vorbei, der auf einer bunten Decke saß und Mundharmonika spielte. Anna blieb einen Augenblick stehen und lauschte – die Klänge stimmten sie nur noch wehmütiger.

Da, an der Ecke, war ein kleines Speiselokal; hier würde sie nach einer Bushaltestelle fragen. Anna betrat das Lokal. Der Wirt schaute auf. »Äh, ich möchte bitte wissen, gibt es hier eine Bushaltestelle?« – »Wohin möchtest du denn, kleines Fräulein?« Der Mann grinste breit und Anna sah, dass ihm ein paar Zähne fehlten. Ihr war es nicht ganz wohl hier drin. »Ich möchte gerne irgendwohin, wo es einen großen Wald gibt«, stammelte Anna. »So, einen großen Wald suchst du also«, lachte der Mann, »das ist nicht schwer. Die Rocky Mountains sind gar nicht weit von hier, dort findest du Wald, der nie mehr aufhört! Du gehst hier über die Straße und biegst an der nächsten Ecke rechts ab, dann siehst du die Bushaltestelle schon – von dort aus fährst du bis zur Endstation.« Anna bedankte sich und verließ aufatmend das Lokal. Kurze Zeit später hatte sie die Bushaltestelle erreicht. Sie schaute auf die Uhr. Es war fast sieben. Die Sonne stand schon ziemlich tief.

Wo werde ich heute Nacht nur schlafen, durchfuhr es sie. Panik kam in ihr hoch. Es fröstelte sie, obwohl es noch ziemlich warm war. Ganz elend war ihr zumute. Sie würgte die aufsteigenden Tränen herunter. Sie hatte es ja vorher gewusst, seit einer Woche hatte sie sich die Flucht immer wieder ausgemalt. Und nun war es so weit, die Wirklichkeit sah jedoch anders aus. Anna war in der Fremde, und wie es weiterging, wusste sie noch nicht. Fast hätte sie den Bus übersehen, der plötzlich mit quietschenden Bremsen vor ihr stand. Anna stieg ein. Aufgeregt wühlte sie in ihrem Rucksack nach Geld. Sie kramte ein Geldstück hervor und legte es dem bärtigen Busfahrer in die Hand. »Oh«, der Busfahrer pfiff durch die Zähne und schüttelte den Kopf, »damit kannst du hier nicht bezahlen. Wir sind doch hier in Kanada.« Anna starrte ihn entgeistert an. »Aber ich habe kein anderes Geld als dieses.« Sie kämpfte verzweifelt gegen die Tränen an. Der Busfahrer schien das zu bemerken. »Na ja, dann setz dich halt, ausnahmsweise nehm ich dich so mit.« Anna atmete erleichtert auf. Sie setzte sich in die letzte Reihe. Jetzt lösten sich alle Anspannungen der letzten Stunden – ihr Körper wurde von wildem Schluchzen geschüttelt. Der Mann vor ihr schnarchte laut. Außer ihm saßen nur noch zwei Frauen im Bus. Sie fühlte sich unendlich einsam. Langsam beruhigte sich Anna etwas. Der Bus ließ die Stadt hinter sich. Die Häuser entschwanden langsam ihrem Blick. In der Ferne zeichneten sich riesige Berge ab. Die Sonne war schon fast völlig hinter den Bergspitzen verschwunden. Sie fuhren an endlos langen Getreidefeldern vorbei. Riesige Plantagen mit Obstbäumen säumten ihren Weg. Anna schloss die Augen und döste erschöpft vor sich hin. Der Bus holperte immer mehr – die Straße wurde immer unwegsamer. In der Ferne tauchten ein paar Häuser auf. Der Mann vor ihr war aufgewacht, nahm seinen Rucksack und machte sich zum Aussteigen bereit. Die zwei Frauen blieben sitzen. Sie waren also noch nicht an der letzten Haltestelle angekommen. Gerne hätte Anna gefragt, wohin der Bus fährt, aber sie traute sich nicht. Jetzt führte die Straße, wenn man sie überhaupt noch als solche bezeichnen konnte, direkt am Wald entlang. Der Himmel hatte sich orangerot gefärbt. Anna starrte andächtig auf das Naturschauspiel. Wäre sie in einer anderen Situation gewesen, sie wäre in Begeisterung ausgebrochen. Immer weiter holperte der Bus durch die Wildnis. Die Straße wurde immer unwegsamer. Konnte denn hier überhaupt noch ein Mensch wohnen? Da sah Anna in der Ferne einige Häuser. Die zwei Frauen machten sich zum Aussteigen fertig. Anna setzte sich ihren Rucksack auf und stand auf. Mit quietschenden Bremsen hielt der Bus. »Endstation, meine Damen«, trompetete der Schaffner. Nach den beiden Frauen stieg Anna aus. Die beiden musterten sie neugierig. Kein Wunder, bei den paar Häusern musste eine Fremde auffallen. Die Frauen liefen nach rechts auf eine der Farmen zu. Anna schlug zielstrebig den Weg nach links ein und lief auf eines der Häuser zu. Als die beiden Frauen jedoch außer Sichtweite waren, machte sie einen Bogen und lief ein ganzes Stück vom Haus weg. Sie wollte unter keinen Umständen gesehen werden. Ein paar Meter weiter erstreckten sich riesige Weizenfelder über die Ebene. Anna lief hin und pflückte sich ein paar Ähren. Sie setzte sich ins Gras und kaute genüsslich auf den süßlich schmeckenden Weizenkörnern herum.

Es war merklich kühler geworden. Anna schaute auf ihre Uhr, es war bereits nach neun. Auf den Feldern war niemand mehr zu sehen. Sicher saßen die Menschen jetzt im warmen Zimmer gemütlich beieinander. Vater, Mutter und die Kinder. Anna gab es einen Stich ins Herz. Wie gerne wäre sie jetzt auch inmitten einer Familie gewesen. Aber vielleicht, ermunterte sie sich selbst, würde es ja schon bald wieder so sein. Sie wollte auch nicht anspruchsvoll sein, ein ganz kleines Zimmer, oder nur ein Bett in einer Ecke würde ihr schon ausreichen. Die Hauptsache, sie hätte wieder eine Mutter.

Anna legte sich der Länge nach ins Gras und träumte vor sich hin. Sie merkte gar nicht, wie die Zeit dahinflog. Mit einem Mal wurde ihr bewusst, dass es schon ganz dunkel war. Der Mond stand wie ein goldener Ballon am Himmel. Sein Schein erhellte die dunkle Nacht. Anna fror immer mehr. Sie musste unbedingt einen Unterschlupf finden. Morgen dann, bei Sonnenaufgang, wollte sie in den Wald gehen, dort würde sie niemand finden. Plötzlich kam ihr eine Idee. Sie konnte versuchen, im Stall zu schlafen. Der Stall war einige Meter vom Haus entfernt, sie musste es einfach wagen. Im Heu war es bestimmt schön warm. Vorsichtig, in geduckter Stellung, schlich Anna sich zur Scheune. Ganz langsam öffnete sie das Scheunentor und schaute hinein. Sie konnte einige Rinder oder Kühe erkennen. Behutsam, um keinen Lärm zu machen, schob sich Anna durch die Tür. Die zottigen Tiere stampften aufgeregt hin und her und begannen zu muhen. Anna wühlte eine kleine Kerze aus ihrem Rucksack und Streichhölzer. Im Schein der Kerze konnte sie die zotteligen Riesen besser erkennen. Sie ging auf die Tiere zu und redete beruhigend auf sie ein. Sanft kraulte ihnen Anna das Fell. Ein behagliches Muhen war die Antwort. Jetzt entdeckte Anna eine Leiter, die nach oben führte. Mit der Kerze in der einen Hand kletterte sie die Stufen hoch. Hier lag das Heu dick aufgeschichtet. Es war richtig gemütlich. Anna machte sich eine Art Bett zurecht, löschte die Kerze und krabbelte unter das mollige Heu. Bald wurde es behaglich warm. Das Heu strömte einen wunderbar würzigen Duft aus. Eine ganze Zeit lang lag Anna so da und lauschte angespannt in die Nacht hinaus, bis ihr irgendwann die Augen zufielen.

Ein neuer Tag

Kikeriki, Kikeriki... Anna rieb sich verschlafen die Augen. Langsam kehrte ihre Erinnerung zurück. Wie spät war es? Anna schaute auf die Uhr. Es war sechs Uhr morgens. Wie gut, dass der Hahn gekräht hatte. Mit einem Sprung war sie auf den Beinen, streckte sich und schüttelte das Heu vom Körper. Wenn nur noch keiner auf war. Die Tiere wurden oft schon früh gefüttert und die Kühe mussten beizeiten gemolken werden, so viel wusste sie. Behände kletterte sie die Holzstiege hinunter und spähte durch die Tür. Niemand war zu sehen. Anna packte ihren Rucksack und schob sich durch die Tür. In geduckter Stellung schlich sie davon.

Im gleichen Augenblick hörte sie einen scharfen Pfiff und eine Männerstimme rief: »Wolf, mach, dass du herkommst!« Unmittelbar vor ihr stand ein Hund, den Kopf zum Sprung geneigt, die Zähne gefletscht mit furchterregendem Knurren. Noch einmal brüllte der Mann: »Wolf, bei Fuß!« Der Hund schien hin und her gerissen, alles in ihm lechzte danach, sich auf diesen Eindringling zu stürzen. Doch dann siegte zu Annas Erleichterung der Gehorsam zu seinem Herrn. Mit eingezogenem Kopf schlich er zu seinem Besitzer. Der Mann packte das Tier am Halsband. Anna überlegte nicht lange, sie nahm die Beine in die Hand und rannte, als ginge es um ihr Leben. Erst als sie den Waldrand erreicht hatte, blieb sie stehen. Das Herz schlug ihr bis zum Hals. Anna drehte sich um, von dem Mann mit dem Hund war nichts mehr zu sehen. Na, der Tag hatte ja schon gut angefangen. Noch immer zitterte sie am ganzen Körper.

»Danke, lieber Gott, danke, dass du mir geholfen hast«, kam es über ihre Lippen. Erst jetzt, ganz langsam, begann Anna die Schönheit der Umgebung wahrzunehmen. Die Morgensonne erhob sich langsam hinter den Bäumen. Die Berge waren in goldenes Licht getaucht und die Bäume standen in sattem Grün da. Der Waldboden verströmte einen wohltuenden würzigen Duft und die Vögel sangen ein fröhliches Morgenlied. Anna schlug den erstbesten Waldweg ein. Mit einem Lied auf den Lippen lief sie weiter und weiter. Als Anna etwa eine halbe Stunde gelaufen war, verspürte sie langsam Hunger. Sie hatte noch nicht gefrühstückt. Seit der Zugfahrt hatte sie noch nichts gegessen, bis auf die paar Weizenkörner am letzten Abend. Anna hielt Ausschau nach einem schönen Plätzchen. Auf einem umgefallenen Baumstamm setzte sie sich und packte ihren Proviant aus. Wie oft hatte sie früher das Gesicht verzogen, wenn ihr etwas nicht schmeckte. Jetzt war sie froh über die Brotkrusten. In kleinen Stückchen biss sie das Brot auseinander und ließ es im Mund aufweichen, bis es einen süßen Geschmack bekam. Es war zwar etwas mühsam, aber es ging, und das war die Hauptsache. Es war wohl das längste Frühstück, das Anna jemals gehalten hatte. Eichhörnchen sprangen munter von Baum zu Baum. Sie hätte den süßen Tierchen eine Ewigkeit zusehen können, aber sie wollte so schnell wie möglich weiter. Anna fühlte sich immer noch nicht sicher. Vielleicht hatte der Mann mit dem Hund etwas von ihrem Verschwinden gehört und inzwischen die Polizei benachrichtigt.

Anna ahnte nicht, dass es im Wald nicht nur niedliche Tiere gab, sie konnte nicht wissen, dass ein kleines Mädchen in dieser Gegend Kanadas schon einige Schutzengel braucht, um alleine durch die Wälder zu laufen. Plötzlich hörte der Weg einfach auf. In welche Richtung sollte sie gehen? Plötzlich meinte Anna von irgendwoher ein Brummen zu hören. Sie zuckte zusammen, schaute sich um, sah aber nichts. Wahrscheinlich hatte sie sich das eingebildet – sie hatte mal gehört, dass so etwas passieren kann, wenn man zu wenig Schlaf hat – das musste die Erklärung sein. Solche Geräusche konnte höchstens ein Bär machen, und Bären konnte es wohl hier nicht geben – hoffentlich! Anna schauderte bei dem Gedanken. Aber bald hatte sie es wieder vergessen. Sie lief und stolperte weiter und weiter. Als sie auf die Uhr schaute, war es bereits zehn. Mehrere Stunden war sie jetzt schon unterwegs. Anna fühlte sich langsam immer erschöpfter und vor allem plagte sie ein unheimlicher Durst.

Da plötzlich, Anna spitzte die Ohren, das konnte sie sich wirklich nicht einbilden, hörte sie ein Geräusch. Es hörte sich an, wie das Winseln eines Tieres. Anna schauderte, nie zuvor hatte sie so einen Ton gehört. Kein Mensch würde es merken, wenn sie von einem wilden Tier zerrissen wurde. Vielleicht gab es doch wilde Tiere hier, selbst Wölfe konnten im Rudel gefährlich sein. Da war ein großer Busch, aus dieser Richtung kam das Winseln. Anna näherte sich vorsichtig von hinten dem Busch, indem sie einen großen Bogen machte. Plötzlich erkannte sie, dass etwas auf dem Boden lag, zuckte und zappelte und dabei jämmerliche Töne ausstieß. Ganz langsam ging Anna darauf zu. Es sah aus wie ein kleines, graubraunes Wollknäuel, was sich da am Boden wand. Dieses Tier, was immer es war, musste verletzt sein und brauchte ihre Hilfe. Anna trat näher heran. Da sah sie ein niedliches, kuscheliges Waschbärjunges auf dem Boden liegen. An der Pfote hing ein schweres Eisen. Das Fell am Füßchen war von Blut verklebt. Anna zögerte nicht lange, sie kniete sich nieder zu dem verletzten Bündel und besah sich die Pfote. Jetzt erkannte Anna, dass der Waschbär in einem Falleisen steckte. Sie zog mit aller Kraft das Eisen auseinander. Mit einem Ruck lag die Pfote des Tierchens frei. Der kleine Waschbär wollte sich aufrappeln und weglaufen, aber seine Kraft reichte nicht aus. Er fiel wieder auf die Seite, zog sein Pfötchen zur Schnauze und begann erschöpft sich das Blut von der Pfote zu lecken. Er tat Anna in der Seele Leid. Er musste schon längere Zeit so gelegen haben, vielleicht sogar tagelang, so erschöpft war der kleine Kerl. Ganz behutsam streichelte Anna das Tier. Dann zog sie ein Taschentuch hervor und band es dem kleinen Waschbären um das Füßchen. Er ließ es sich ohne Widerstand gefallen, vielleicht verstand er, dass Anna seine Retterin war. Sie nahm den Kleinen ganz behutsam auf den Arm, sie war zwar furchtbar erschöpft, hätte es aber nicht fertig gebracht, das Tier hier allein zurückzulassen. Es musste noch ein ganz junges Tier sein, das Fell war ganz weich und flaumig und der Waschbär war noch ziemlich klein. Anna hatte Waschbären schon früher im Zoo gesehen, aber dieser hier war kleiner. Mit dem Waschbärbaby auf dem Arm lief Anna weiter. Am Anfang zitterte er noch ein wenig, aber bald rollte er sich auf Annas Arm zusammen und schlief ein. Mit einem Mal wusste Anna, dass sie so nicht länger weiterlaufen konnte. Der Durst plagte sie immer mehr und sie wusste nicht, wohin sie überhaupt weiterlaufen sollte.

Plötzlich wurde Anna bewusst, dass sie unmöglich die Nacht im Wald zubringen konnte. Irgendwie hatte sie sich darüber keine großen Gedanken gemacht. Sie hatte daran gedacht, bei Tage im Wald zu laufen und bei Nacht vielleicht geschützt auf einer Wiese zu liegen. Aber wie sollte sie überhaupt jemals wieder aus diesem riesigen Wald herausfinden? Den Weg zurück konnte sie unmöglich wieder finden, sie lief seit Stunden ziellos kreuz und quer durch den Wald.

Anna setzte sich auf einen Baumstumpf und schluchzte los, in plötzlicher Verzweiflung. Der Hals brannte ihr vor Durst, sie wusste nicht, dass Durst so schrecklich sein konnte. Ihre Knie zitterten vor Erschöpfung. Unaufhaltsam tropften ihre Tränen auf das kleine Bündel in ihrem Arm. Und wieder, ohne dass Anna wusste, wie es dazu kam, fing sie an, mit Jesus zu reden. Sie erzählte ihm einfach die ganze Geschichte, warum sie fortgelaufen war und dass sie seine Hilfe brauchte. Sie flehte ihn an, ihr zu helfen. Früher hatte sie nur ihr Abendgebet gesprochen, sie hatte aber öfter gehört, dass ihre Mutter über alles mit Jesus sprach. Jetzt wurde die Erinnerung daran wach. Mit einem Mal spürte Anna, dass sie ganz ruhig wurde – ja, sie fühlte sich sogar plötzlich kräftiger und der Durst quälte sie nicht mehr so. Es war, wie wenn eine Last von ihr gefallen wäre, und ein tiefer Friede kam in ihr Herz. Mit einem Mal wusste Anna, der Herr würde ihr helfen und wenn er dazu einen Engel mit einem Krug Wasser auf die Erde schicken würde. Anna blickte auf und wischte sich die Tränen ab. Und da, auf einmal sah sie etwas: Der Wald lichtete sich in einiger Entfernung. Sie lief mit dem Waschbären auf dem Arm in diese Richtung. Plötzlich meinte Anna zu träumen, vor ihr erstreckte sich eine herrliche Wiese. Und in der Ferne spiegelte sich ein smaragdblauer riesiger See. Auf der anderen Seite des Sees ragten beeindruckende graublaue Berge in den Himmel. Anna rieb sich die Augen, es kam ihr so vor, als wäre sie plötzlich irgendwie in den Himmel versetzt worden. Sie rannte über die Wiese auf den See zu. Am Fuße des Sees setzte Anna ihr »Bündel« ab, warf sich auf die Knie und trank in tiefen Zügen das herrlich kühle Wasser. Auch der kleine Waschbär schlabberte gierig das köstliche Nass in sich hinein. Auf einmal wurde der Kleine munter, mit den Vorderbeinen stand er im Wasser und begann sich zu lecken und zu putzen. Anna musste über seine drolligen Gebärden lachen. Nach einer Weile kam er zu Anna zurück, stupste sie sanft mit der Nase an und rollte sich neben sie ins Gras. Anna hatte sich der Länge nach auf die Wiese gelegt, über ihr erstrahlte der blaue Himmel. Nach einigen Minuten fühlte sie sich kräftig genug, die Gegend zu erkunden. Anna blickte sich nach allen Richtungen um und sah zu ihrem Erstaunen in einiger Entfernung ein Holzhäuschen stehen. Sie kam sich fast vor wie Schneewittchen, als sie sich vorsichtig dem Haus näherte. So weit abgelegen konnte doch eigentlich niemand wohnen. Mit klopfendem Herzen ging Anna auf das Haus zu. Nichts rührte sich. Obwohl Anna davon überzeugt war, dass so weit weg von aller menschlicher Zivilisation eigentlich niemand mehr wohnen konnte, zitterten ihre Knie, als sie langsam die Türklinke herunterdrückte.

Sie öffnete die Tür einen Spalt breit und schaute hinein. Niemand war zu sehen, nichts rührte sich. Anna fasste sich ein Herz und trat, alle Glieder zur Flucht angespannt, ein. Es roch etwas modrig. Sie sah sich um. In einer Ecke stand ein massiver Holztisch mit vier Stühlen. An der Wand stand ein Schränkchen und in der anderen Ecke eine alte Holztruhe. Auf dem Tisch entdeckte Anna eine Petroleumlampe. Anna sah, dass da noch eine Tür war. Zaghaft öffnete Anna die Tür und entdeckte zu ihrem Erstaunen ein Zimmer, in dem zwei Betten und ein Hochbett standen. Vier Personen hatten sich also hier irgendwann einmal aufgehalten. Anna staunte – wann mochte das gewesen sein – ob die Leute jemals wieder herkamen? Nach der dicken Staubschicht zu urteilen, die überall lag, konnte dieses Haus schon seit Monaten oder Jahren nicht mehr bewohnt sein. Auf jedem Bett lag ein kleines Kissen und eine Decke; alles war mit einer durchsichtigen Plastikfolie abgedeckt. Auch ein kleiner Nachttisch stand da, wieder mit einer Petroleumlampe. Anna kam aus dem Staunen kaum heraus. Nun wusste sie, wo sie die Nacht verbringen würde. Es war alles wie im Traum. Anna kniff sich in den Arm, um sicher zu sein, dass sie wirklich nicht träumte – au! Nein, es war tatsächlich alles Wirklichkeit. Noch vor einigen Minuten war sie so verzweifelt gewesen, und nun das. Den kleinen Waschbären hatte Anna in der Aufregung fast vergessen. Sie schaute sich um, wo war er überhaupt? Anna entdeckte ihn hinter der Truhe; er war dabei, alles gründlich zu beschnüffeln. In einem Überschwall von Freude nahm Anna das Tier hoch und drückte es fest ans Herz. »Weißt du was«, flüsterte sie ihm ins Ohr, »ich brauche ja noch einen Namen für dich.« Anna sann nach: »Was passte zu ihm?« Auf Anhieb fiel ihr nichts ein. Naja, sie hatte ja Zeit. Sie setzte ihren kleinen Freund wieder ab und machte sich daran, die Schränke zu inspizieren. Im vorderen Raum, Anna ernannte ihn zu ihrer Wohnstube, entdeckte sie allerlei brauchbare Dinge im Schrank. Sie fand Teller, Tassen, zwei Kochtöpfe, Besteck und noch einiges an Haushaltsgegenständen. Sogar eine große Packung Streichhölzer. Dann entdeckte Anna zu ihrer großen Freude in der untersten Schublade eine Angel. Ihr entfuhr ein Freudenschrei – also gab es hier im See sogar Fische; es würde also nicht nur trockenes Brot zu essen geben. Anna war ganz aufgeregt.

Erst jetzt entdeckte sie in der einen Ecke einen Ofen. Wenn es kalt würde, konnte sie also sogar heizen und oben auf dem Ofen konnte sie ihren Fisch brutzeln. Ihre Wangen glühten vor Aufregung. Alle Erschöpfung war wie weggewischt. Sicher waren die Leute, die hier gelebt hatten, wieder weggezogen, weil es ihnen zu einsam war. Aber sie konnte sich hier prima eine ganze Zeit lang versteckt halten. Anna fand einen Besen und machte sich mit Eifer daran, den Boden auszufegen. Es staubte ordentlich. Der kleine Waschbär machte ein paar Mal ›Hatschi‹ nach Waschbärenart und putzte sich das Näschen.

»Jetzt weiß ich es«, rief Anna aus, »ich werde dich Petzi nennen. Das passt zu dir.« Sie erinnerte sich dabei an ein Buch von einem schelmischen Bären namens Petzi, das ihr früher ihre Mutter öfter vorgelesen hatte. Petzi spitzte die Ohren – er schien einverstanden zu sein.

Auch ein Putzeimer stand bereit, benutzt zu werden. Anna nahm ihn und lief hinunter zum See, um sich Wasser zu holen. Gut gelaunt machte sie sich daran, alle Schränkchen und Gegenstände von der Schmutzschicht zu befreien. Bald sah es in der Hütte ganz passabel aus. Der Schmutz war dank Annas Arbeitseifer gewichen und auf dem Tisch stand ein Gefäß mit herrlichen Wiesenblumen, die Anna in Fülle auf der Wiese entdeckt hatte. Anna war mit ihrem Werk zufrieden – richtig gemütlich sah es aus. Nur gut, dass sie nicht völlig allein war, sie hatte ja Petzi. Anna drehte sich suchend um, wo war er? Sie suchte und suchte, doch kein Petzi war weit und breit zu sehen. Was wäre, wenn er wieder zurück in den Wald gelaufen war? Vielleicht lebten Waschbären nur im Wald und er würde sich hier auf der Wiese, wo kein Unterholz war, gar nicht wohl fühlen? Anna rief und suchte immer aufgeregter. Sie hatte sich in der kurzen Zeit schon an das Tier gewöhnt, außerdem kam ihr jetzt ihre Einsamkeit erst wieder richtig zu Bewusstsein. Wenn er zurück in den Wald gelaufen war, wäre alles Suchen zwecklos. Anna lief an den Waldrand und suchte mit den Augen Stück für Stück ab. Petzi war nicht zu sehen. Aber sie entdeckte eine große Fläche voll köstlich aussehender Schwarzbeeren, die dort in großen Büscheln wuchsen. Jetzt spürte Anna das große Loch im Bauch, sie hatte seit Stunden nichts gegessen. Sie kniete sich hin und aß mit Genuss die saftigen Beeren. Ihre Großmutter war früher öfter mit Anna in den Wald gegangen und sie hatte so manches von ihr gelernt. Welche Beeren man essen durfte und welche nicht; auch viele Pilzarten kannte Anna dank ihrer Großmutter. Langsam war ihr Bauch voll mit Schwarzbeeren. Plötzlich, als Anna den Kopf hob, sah sie in kurzer Entfernung Petzi zwischen den Beeren sitzen und Schwarzbeeren schmausen. Mit einem Freudenschrei war Anna bei ihm und drückte ihn ungestüm an ihr Herz. Petzi ließ es sich ohne Widerstreben gefallen. Wahrscheinlich hatte auch er seine Ersatzmama vermisst.

Gemeinsam liefen sie zur Wiese zurück. Den Rest des Tages verbrachte Anna damit, die Gegend rund um den See zu erkunden. Jedenfalls einen Teil davon. Petzi hatte sie dabei meist auf dem Arm, sie wollte ihn nicht noch einmal verlieren. Es gab so unendlich viel zu entdecken. Unterhalb der Berge war der Boden sandiger, hier blühten in den schönsten Farben prächtige Fingerhüte. Am liebsten hätte sich Anna auch davon ein paar gepflückt, aber sie wusste von ihrer Mutter, wie giftig diese Blumen waren. So ging der Tag langsam seinem Ende zu. Die Sonne stand schon tief am Himmel und der Himmel hatte sich orangerot gefärbt.

Anna machte sich auf den Rückweg zur Hütte. Langsam spürte sie die Müdigkeit. Der Tag war anstrengend gewesen und erlebnisreich. Noch eine Weile saß sie mit Petzi auf dem Arm auf der Bank vor der Hütte und beobachtete, wie die Sonne langsam zwischen den Berggipfeln verschwand. Dann nahm sie Petzi und ging in die Hütte. Anna sehnte sich jetzt nur noch nach einem Bett. Die Tür verriegelte sie sorgfältig von innen. Ein bisschen mulmig war ihr schon zumute, so alleine im Wald. Sie machte sich das Bett zurecht, Kissen und Decke waren zum Glück nicht staubig dank der Plastikhülle. Sie zündete die Petroleumlampe auf dem Nachttisch an und griff nach ihrer kleinen Bibel. Eigentlich hatte sie darin noch nie gelesen, sie war ein Geschenk ihrer Mutter. Doch heute verspürte Anna irgendwie das starke Bedürfnis, darin zu lesen. Sie wusste nicht, wo sie anfangen sollte, außerdem war sie sehr müde, also schlug Anna die Bibel aufs Geratewohl auf. Ihre Augen fielen auf einen Vers, der im 91sten Psalm stand: »Denn der Herr ist deine Zuversicht, der Höchste ist deine Zuflucht. Es wird dir kein Übel begegnen, und keine Plage wird sich deiner Hütte nahen. Denn er hat seinen Engeln befohlen, dass sie dich bewahren auf allen deinen Wegen.« Anna war wie vom Blitz getroffen über das, was da stand. Konnte es Zufall sein? Bestimmt nicht. Es war genau das, was sie in ihrer Situation brauchte. Sie fürchtete sich so alleine in der Hütte und da stand, dass nichts Böses sich ihrer Hütte nahen durfte und dass Gott seine Engel zu ihrem Schutz aussenden würde. Anna konnte nicht anders, als Gott dafür zu danken. Und sie hatte immer gemeint, die Bibel wäre ein langweiliges Buch – etwas für alte Leute oder so. Es hatte sich wirklich viel ereignet heute. Anna wusste, es war Jesus, der ihr diese Worte zugerufen hatte. Sie löschte die Lampe, kuschelte sich unter die Decke und war schon im nächsten Moment mit einem Dankgebet auf den Lippen eingeschlafen.

Aufregung im 5. Kinderheim

Etwa zur gleichen Zeit herrschte im Kinderheim helle Aufregung. Frau Dexter saß in ihrem Büro und rang die Hände. Wie hatte so etwas passieren können? Anna war seit gestern Mittag spurlos verschwunden. Betty hatte ihr gesagt, dass es Anna nicht gut sei und sie deshalb nicht zum Mittagessen kommen würde. Zu dem Zeitpunkt hatte Frau Dexter sich noch keinerlei Gedanken gemacht. Erst als Anna auch mittags nicht zur Sportstunde erschienen war, hatte sie Betty beauftragt, nach ihr zu sehen. Aber Anna war nirgends zu finden. Seitdem hatten alle Mädchen fieberhaft nach ihr gesucht. Nirgendwo war eine Spur oder ein Hinweis zu finden. Am frühen Abend hatte sie schweren Herzens die Polizei benachrichtigt. Den ganzen Abend, bis in die Nacht hinein, hatte die Polizei mit Spürhunden nach Anna gesucht. Die Mädchen waren vernommen worden, aber keine schien irgendetwas zu wissen. Betty war die Letzte, die Anna gesehen hatte, und das war schon lange vor dem Mittagessen. Frau Dexter war total erschöpft. Sie hatte in der letzten Nacht kaum ein Auge zugetan. Immer wieder musste sie an die Szene mit dem trockenen Brot denken, wobei sie sich so aufgeregt hatte. Wäre sie nur nicht so hart zu Anna gewesen. Das Mädchen war sowieso, seit es hier war, fast ständig am Weinen. Die letzte Woche hatte Frau Dexter den Eindruck, dass es langsam besser wurde mit ihr – und nun das! Sie trug die Verantwortung für die Kinder im Heim. Es konnte noch Ärger geben von Annas Verwandtschaft, obwohl man ihr ja eigentlich nichts anhängen konnte. Schließlich konnte sie die Kinder nicht pausenlos bewachen. Aber ihr Gewissen plagte sie wegen der Sache mit dem Brot. Auch machte sie sich jetzt Vorwürfe, dass sie sich nicht mehr Mühe gegeben hatte, um mit Anna zu reden und sie wegen des Verlusts ihrer Mutter zu trösten. Ein paar Mal hatte sie es vorgehabt, aber jedes Mal, wenn sie mit Anna reden wollte, fühlte sie sich irgendwie hilflos und wusste nicht, wie sie beginnen sollte. So hatte sie es einfach gelassen und außer dem Spruch »Du wirst dich schon noch einleben«, hatte sie ihr nicht viel Aufmunterndes gesagt. Frau Dexter fühlte sich wirklich elend. Hoffentlich hatte das Kind sich nichts angetan. Man hatte jeden Winkel im Haus und in der näheren Umgebung nach Anna abgesucht, sogar im Teich hatten Taucher nach ihr gesucht. Komischerweise gab es auch keinerlei Hinweise aus der Bevölkerung. Irgendjemand musste sie doch gesehen haben, wenn sie weggelaufen war.

Frau Dexter nahm eine Schmerztablette und ging auf ihr Zimmer. Es gab keine Möglichkeit mehr, irgendetwas zu tun – außer beten vielleicht, ging es ihr durch den Kopf. Versuchen konnte man es ja, auch wenn sie daran zweifelte, dass es etwas half.

Zur selben Zeit herrschte auch bei den Mädchen ziemliche Aufregung. Die Mädchen aus Annas Klasse saßen zusammen und redeten immer wieder über Annas spurloses Verschwinden. Betty war ziemlich kleinlaut. Auch sie hatte keine gute Nacht verbracht.

Die ganze Nacht musste sie an Situationen denken, wo sie zu Anna bösartig und gemein gewesen war. Komisch, es war ihr bis jetzt gar nicht so zu Bewusstsein gekommen, aber heute Nacht sah sie plötzlich alles wie einen Film vor sich ablaufen, wie sie Anna gehänselt hatte, wenn diese weinte, und viele andere Situationen, bei denen sie sich einfach schlecht benommen hatte. Wenn Anna doch nur noch am Leben war und wieder auftauchen würde, dann könnte sie alles wieder gutmachen. Der Gedanke daran, dass Anna sich vielleicht etwas angetan hatte, schnürte ihr den Hals zu – dann wäre sie mit schuld daran ... Betty versuchte den Gedanken zu verdrängen, aber es wollte ihr kaum gelingen. Auch Jenny hatte ihr Vorwürfe gemacht, weil sie sich Anna gegenüber so eklig benommen hatte.

»Es hilft jetzt alles nichts mehr«, ergriff Doreen das Wort, »wir haben uns alle irgendwie mitschuldig gemacht, keiner hat sich darum gekümmert, wie sie sich fühlt. Es bringt nichts, wenn wir uns jetzt auch noch gegenseitig beschuldigen, hoffen wir, dass sie wieder auftaucht, dann machen wir es besser.« Doreen war mit ihren dreizehn Jahren die Älteste der Klasse. Die anderen stimmten ihr zu. »Doreen hat Recht«, gähnte Key lautstark, »lasst uns zu Bett gehen und morgen weiter überlegen, was wir noch tun könnten.« Ihr Vorschlag wurde einstimmig angenommen; alle waren todmüde. Die Mädchen gingen in ihre Zimmer und kurze Zeit später war es ruhig im Haus.

Der 6. Fischfang

Anna erwachte, als ein Lichtstrahl durch das Fenster fiel und sie an der Nase kitzelte. Sie hatte herrlich geschlafen und es schien schon helllichter Tag zu sein. Anna blickte auf die Uhr, es war bereits zehn. Sie war selbst verwundert, dass sie so gut und fest geschlafen hatte. Petzi, der zusammengerollt auf ihren Füßen gelegen hatte, war auch schon munter. Er lief aufgeregt zur Tür, wahrscheinlich hatte er es jetzt sehr eilig, sein Geschäft zu erledigen. Anna ließ ihn raus und setzte sich auf die Bank, um Petzi im Auge zu behalten. Sie wollte nicht noch einmal das Risiko eingehen, dass er weglief. Als Petzi fertig war, nahm Anna ihn hoch und untersuchte sein Pfötchen. Vorsichtig wickelte sie das Taschentuch ab. Die Wunde sah ganz gut aus. Anna ließ das Tuch ab, so würde es sicher besser verheilen.

Die Sonne strahlte vom Himmel, es war schon recht warm. Anna ließ den Blick in die Ferne schweifen und sah zu ihrem Erstaunen in einiger Entfernung auf der Wiese eine Herde Elche stehen und grasen. Was für ein herrlicher Anblick, Anna sah ihnen eine ganze Zeit lang zu, dann lief sie mit Petzi hinunter zum See, um sich zu waschen. Die Vögel zwitscherten mehrstimmig ihr Morgenlied. Ein riesiger Adler drehte über dem See seine Runden.

Es war ein bisschen kalt, aber es tat gut, sich frisch zu machen. Auch Petzi tat es Anna gleich; er stand mit

46

den Vorderpfoten im Wasser und putzte und schleckte sich. Anna musste lachen, zu putzig sah er bei seiner Wäsche aus. »Jetzt werden wir erst einmal frühstücken gehen, wir zwei.« Sie nahm Petzi unter den Arm und rannte übermütig zur Hütte zurück. Kurze Zeit später kochte ein köstlich duftender Heidelbeertee auf dem Ofen. Anna hatte es geschafft, mit etwas trockenem Reisig ein Feuer zu machen. Die Heidelbeeren waren noch vom Vortag übrig. Auch Petzi bekam ein bisschen Heidelbeertee in einem Schüsselchen und schlabberte ihn so genüsslich, als gäbe es nichts Besseres auf der Welt. Anna saß auf der Bank vor der Hütte und kaute auf ein paar Brotkrusten herum, aber irgendwie wurde sie nicht richtig satt; in ihrem Magen war immer noch ein dumpfes, leeres Gefühl. Petzi hatte dieses Problem nicht, Anna beobachtete, dass er auf allerlei Käfer und Krabbeltiere Jagd machte und sie verspeiste.

Plötzlich erinnerte sich Anna an die Angel in der Schublade. Juhu, sie würde einfach Fische fangen. Sie hatte zwar noch nie geangelt, aber der Hunger und das prickelnde Gefühl, etwas Neues auszuprobieren, machten sie ganz aufgeregt. In Windeseile packte Anna alles zusammen, was sie brauchte, und marschierte mit Petzi im Schlepptau los zum See.

Am See angekommen suchte sie sich einen Platz, der ihr geeignet schien. Unschlüssig blickte Anna auf die Angel – irgendetwas fehlte noch. Ja, das war es, sie hatte noch keinen Köder. Man brauchte ja Würmer oder irgendetwas Ähnliches. Anna machte sich an die

Arbeit und buddelte mit Hilfe eines Steins in der feuchten Erde herum. Es war leichter, als sie dachte, schon ringelte sich der erste Regenwurm vor ihr. Mit etwas Überwindung zog ihn Anna ganz heraus – und kurze Zeit später lag ein ganzes Häufchen von sich windenden Würmern neben ihr. Anna legte sie auf einen großen flachen Stein. So, das war geschafft, aber nun, Anna schluckte, jetzt kam das Schwerste dran. Irgendwie musste sie die armen Würmer auf den Angelhaken pieksen. Eine ganze Zeit lang saß Anna da und konnte sich nicht überwinden, es zu tun. Aber schließlich siegte der Hunger. Irgendwer hatte auch mal erzählt, Würmer hätten keine Nerven, sie würden es gar nicht spüren, wenn man sie auf den Angelhaken spießte. Mit großer Überwindung schaffte es Anna schließlich. Sie schüttelte sich – jetzt nichts wie ins Wasser mit der Angel. Mit Schwung schleuderte Anna die Schnur ins Wasser. Sie landete ziemlich weit im See, Anna war mit sich zufrieden. Jetzt konnte sie es sich gemütlich machen.

Die Sonne stand schon ziemlich hoch am Himmel, es war behaglich warm. Anna machte es sich im Gras bequem. Hin und wieder sah man im klaren Wasser einen Fisch schwimmen. Es war schon spannend – würde er anbeißen oder nicht? Petzi spielte in der Zeit übermütig auf der Wiese, wie das alle Kinder machen, seien es Menschen oder Tierkinder. Immer wieder versuchte er mit seiner kleinen Tatze Schmetterlinge zu fangen, die an ihm vorbeiflogen. Anna musste so über seine Clownereien lachen, dass die Angel immer wieder ins Wackeln geriet. »Hör endlich auf, Petzi, so werde ich nie einen Fisch fangen«, lachte Anna. Doch Petzi beeindruckte das wenig. Ab und zu kam er zu Anna und stupste sie spielerisch mit der Nase an, als wollte er sagen: »He, ich bin auch noch da! Was machst du da so lange?«

Da plötzlich, Anna hatte sich schon gar nicht mehr auf ihre Angel konzentriert, ruckte es an der Angel und die Schnur spannte sich straff. Aufgeregt wickelte sie die Angelschnur ein. Jetzt konnte sie den Fisch schon erkennen – er erschien ihr riesengroß. Anna zog und mit einem Ruck lag ein riesiger glänzender Fisch neben ihr. Er zappelte und Anna war zwischen Stolz und Mitleid hin und her gerissen. Sie konnte doch diesem zappelnden Fisch nicht den Angelhaken herausziehen. Anna saß da und wartete, bis er keinen Mucks mehr machte – Petzi musste sie dabei ständig abwehren, er hätte am liebsten gleich in das Mittagessen gebissen. Endlich konnte sie den Angelhaken entfernen. Stolz betrachtete sie ihren Fang. Anna begann vor Freude zu tanzen und zu hüpfen. Sie, Anna, hatte diesen Fisch ganz alleine gefangen. Sie konnte es kaum glauben.

Sie rannte zur Hütte, um sich einen Eimer zu holen, sie würde noch mehr Fische fangen. Kurz darauf saß Anna wieder auf ihrem Platz, die Angelschnur im Wasser. Diesmal ging es noch schneller, es dauerte kaum ein paar Minuten, schon hatte der Nächste angebissen. Sie und Petzi wären von den zwei großen Fischen gut satt geworden, aber es war einfach zu aufregend, und so hatte Anna in der nächsten Stunde noch zwei weitere Fische an der Angel. »Nun reichts aber«, wandte sich Anna an ihren kleinen Freund, »jetzt werden wir uns die Fische erst mal braten.« Gut gelaunt liefen die beiden zur Hütte zurück. Es war unwahrscheinlich, aber Anna musste sich gar keine Gedanken um Petzi mehr machen. Wie einer Glucke folgte er ihr überall hin. Kein Zweifel, er hatte sie als Mutter akzeptiert. Anna legte in der Hütte frisches Holz nach und schon nach kurzer Zeit prasselte das Feuer munter im Ofen. In der Zwischenzeit hatte Anna die Fische gesäubert und ausgenommen. Wie gut, dass sie sich an so vieles noch erinnern konnte, sie tat es, wie sie es früher bei ihrer Mutter gesehen hatte. Kurze Zeit später brutzelte der dickste Fisch in der Pfanne. Die Sonne stand schon tief am Himmel, es war merklich kühler geworden. Anna befestigte die restlichen Fische mit einer Schnur vor der Hütte. So war auch für das Essen am nächsten Tag gesorgt.

Nachdem Anna den Fisch gegessen hatte, Petzi hatte natürlich ordentlich mitgeholfen, saß sie auf der Bank vor der Hütte und beobachtete, wie die Sonne wie ein blutroter Ball zwischen den Gipfeln unterging. Es war ein herrlicher Abend. Die Vögel stellten ihren Gesang langsam ein und die Grillen ließen ihr lautes Zirpen hören. Ein tiefer Friede lag in der Luft. Am Horizont sah man langsam den Mond als großen runden Ball aufgehen ... Der Wald und das Gras verströmten einen wunderbar würzigen Duft. Anna genoss die Stille der Natur und Petzi hatte sich dicht an sie geschmiegt. Doch ab und zu kam ein Gefühl in Anna hoch, das sie niederdrücken wollte. Wie sollte es weitergehen, war es richtig gewesen, wegzulaufen? Anna versuchte sich gegen die Gedanken zu wehren, aber sie waren nicht so leicht abzuschütteln. Wie schön wäre es, wenn sie wüsste, dass alles noch gut würde. Anna gähnte, sie war rechtschaffen müde. Mit Petzi auf dem Arm ging sie in die Hütte. Und schon kurze Zeit später lag sie in ihrem Bett und versank in tiefen Schlaf.

Der Räuber in der Nacht

In voller Schönheit stand der Mond am Himmel und warf seinen Schein auf den stillen See. Die Wasseroberfläche schimmerte im gleißenden Mondlicht. Der Wald lag ruhig im Halbdunkel der Nacht. Nur ab und zu durchbrach ein lang gezogenes Bu Hu, Bu Hu die Stille. Im Wipfel einer Tanne saß eine Eule und wartete auf Beute. Sonst war alles still, so schien es jedenfalls. Anna sah nicht, wer sich da im Dunkeln der Nacht ihrer Hütte näherte. Ein lichtscheues Wesen durchstreifte die Nacht. Nur ein leises Plätschern war zu hören. Und da durchdrang ein lang gezogenes helles Pfeifen die Stille der Nacht. Eine dunkle Gestalt näherte sich der Hütte. Der Körper maß fast einen Meter. Jetzt war sie dicht vor der Hütte, etwas schwerfällig und doch behände richtete sie sich auf, die scharfkralligen Pranken schlugen nach den Fischen, die dort an der Hütte hingen.

Es war ein Fischotter, der in der Nacht die Gegend erkundete und von dem Geruch des Fisches angelockt wurde. Mit seinen Pranken hielt er den ersten Fisch fest, riss Bissen für Bissen heraus und schmatzte genüsslich. So verschwanden alle drei Fische in seinem Bauch. Still und leise, wie er gekommen war, flüchtete er in die Nacht und glitt wie eine Schlange zurück ins Wasser. Von all dem merkte Anna nichts. Sie schlief tief und fest, Petzi an ihren Füßen, die Bibel an die Brust gedrückt. Da war einer, der in der

Stille der Natur, wo nichts war, was Anna ablenkte, mit ihr reden wollte. Und so fielen die paar Sätze, die Anna jeden Abend in der Bibel las, tief in ihren Herzensboden.

Schon früh erwachte Anna vom Gezwitscher der Vögel. Aber sie hatte ja Zeit, Zeit, die nie aufzuhören schien, und so versank sie noch einmal in den Schlaf. Ein Kratzen an der Tür weckte sie das zweite Mal. Petzi scharrte an der Tür und wollte nach draußen. Anna öffnete die Tür. Zuerst wollte sie sich waschen und frisch machen. Die Sonne stand schon etwas höher, Anna schaute auf ihre Uhr, es war bereits zehn. Sie zog ihre Kleider am Ufer aus und nahm ein gründliches Bad. Es kostete schon eine Menge Überwindung, in das eiskalte Wasser zu steigen. Auch Petzi war voll und ganz mit der Waschbärenwäsche beschäftigt. Er leckte sich über die Pfoten und putzte mit den angefeuchteten Pfoten Kopf und Näschen. Anna ermunterte ihn, ins Wasser zu kommen. Aber das schien nicht nach seinem Geschmack zu sein. Anscheinend war ihm noch nicht klar, dass er eigentlich ein Waschbär war, der das Wasser liebt. Jetzt fühlte Anna sich wieder frisch und sauber. Sie zog sich an und beide traten den Rückweg an. Oh, Petzi, heute müssen wir ja gar nicht angeln; wir haben ja noch den Fisch von gestern. Das Wort blieb Anna fast im Halse stecken, entsetzt starrte sie auf die Stelle, wo gestern noch die Fische hingen. Sie waren weg, einfach verschwunden, von der Stelle, an der Anna sie am Vortag aufgehängt hatte. Nur eine abgerissene Flosse lag noch auf dem Boden. Entsetzt starrte Anna auf die leere Stelle – das war doch nicht möglich. Es gab doch keine Menschen in der Nähe und auch keine so großen Tiere. Die Elche, die man hin und wieder sah, fraßen bestimmt keinen Fisch. »Und ich hatte noch nicht mal den Riegel in der Hütte zurückgeschoben«, durchzuckte es Anna. Wenn sich vielleicht irgendein Verbrecher, der aus dem Gefängnis ausgebrochen war, hier aufhielt, oder es doch wilde Tiere hier gäbe! Anna war ratlos, Panik stieg in ihr hoch. Sie konnte sich doch nicht den ganzen Tag in der Hütte einsperren. Vielleicht, kam ihr der Gedanke, war es ein Seeadler. Es gab viele hier. Sie hatten ihre Nester in den Felswänden und kreisten ständig um den See, um sich im Sturzflug einen Fisch aus dem Wasser zu angeln. Es kam Anna zwar etwas merkwürdig vor, aber irgendwie beruhigte sie sich damit. Nach einiger Zeit dachte Anna nicht mehr über den Vorfall nach.

Die Tage vergingen, Anna erforschte mit ihrem kleinen Freund Stück für Stück die nähere Umgebung. Sie lief fast um den ganzen See, bis dorthin, wo die Felsen ihr den Weg versperrten. Riesige Raubvögel wohnten in den Felswänden und Anna entdeckte Vögel, die sie in ihrem ganzen Leben noch nicht gesehen hatte. Überhaupt sah sie Tiere, die sie bisher noch nie zu Gesicht bekommen hatte. Anna beobachtete Biber, die damit beschäftigt waren, aus Steinen und Holz große Dämme zu bauen. Solche Dinge kannte sie bis jetzt nur vom Hören, und jetzt konnte sie selbst dabei zusehen. Es war einfach herrlich, jeden Tag gab es Neues zu entdecken, wäre da nur nicht dieses mulmige

Gefühl in ihrer Magengegend gewesen und die Gedanken daran, wie es weitergehen würde.

Sie fing kleine Salamander, die am Fuße des Berges zahlreich zu finden waren. Für sie baute sie Gehege und Steinhöhlen und beobachtete, wie sie darin herumkletterten. Meistens entwischten ihr aber die flinken Salamander schnell wieder. Petzi musste sie von ihnen fern halten, er hätte sie sicherlich schnell verspeist. Anna pflückte Blumen, die hier in wilder Pracht in allen nur erdenklichen Farben zu finden waren. Mit ihnen machte sie sich ihre Hütte wohnlich.

Ein Tag nach dem anderen verging. Anna hatte das Angeln inzwischen perfekt gelernt, auch die Regenwürmer auf die Angel zu pieksen machte ihr nichts mehr aus. Sie zählte die Tage, drei Wochen war sie nun schon hier. Das trockene Brot war mittlerweile alle, und so gab es nur noch Fisch und Beeren, die langsam auch immer weniger wurden. Ob man noch nach ihr suchen würde? Die erste Aufregung war bestimmt verflogen, vielleicht vermisste sie längst keiner mehr. Eigentlich war es langsam an der Zeit, sich aus dem Wald zurück zu machen. Aber wohin sollte sie gehen? Und wie sollte sie eigentlich zurückfinden? Jedes Mal, wenn Anna daran dachte, kam Panik in ihr hoch, aber der Fisch allein machte sie kaum mehr satt, sie sehnte sich nach Kartoffeln und Brot, nach Fleisch und herzhaften Gerichten, egal was, nur nicht nach Fisch. Der Heißhunger trieb sie dazu zu angeln und wie ausgehungert über den Fisch herzufallen. War der größte Hunger dann gestillt, konnte sie keinen Fisch mehr sehen. Plötzlich kam ihr der Gedanke, dass sie ja Pilze suchen könnte, das wäre mal etwas anderes. Es wurde schon dunkel, aber gleich morgen früh wollte sie sich auf die Suche machen.

In Todesgefahr

Anna erwachte am nächsten Morgen schon recht früh. Ihr Magen tat weh vor Hunger. Es war vom Vortag noch etwas gebratener Fisch da. Anna schlang ihn mit Ekel in sich hinein. Wie oft war sie für das Essen im Kinderheim undankbar gewesen und was hätte sie jetzt dafür gegeben, etwas davon zu haben. Aber heute wollte sie Pilze suchen, das würde wenigstens etwas Abwechslung geben. Mit ihrer Oma war Anna früher öfter Pilze suchen gegangen, deshalb kannte sie sich recht gut aus. Sie nahm ein kleines Messerchen und einen Eimer und zog mit Petzi los. Das morgendliche Waschen verschob sie seit ein paar Tagen auf die Mittagszeit, es war nämlich morgens noch ganz schön kühl. Abends wurde es auch schon sehr kalt. Allzu lange konnte sie sowieso nicht mehr hier im Wald bleiben. Sie hatte außer ihrer Strickweste nichts Warmes dabei.

Anna lief ein ganzes Stück in den Wald hinein, achtete aber darauf, nicht die Richtung zu wechseln. Sie hatte keine Lust, sich auch noch zu verlaufen. Plötzlich hörte Anna ein lautes Rascheln. Das Rascheln wurde immer lauter und kam immer näher. Das Herz schlug Anna bis zum Hals. Sie packte instinktiv nach Petzi und nahm ihn auf den Arm. Da, auf einmal hörte Anna ein lautes Brummen und ein paar Sekunden später stand zu ihrem Entsetzen ein riesiger schwarzer Bär vor ihr. An seiner Seite sah Anna ein Bärenjunges. Der

Bär war vielleicht zwanzig Meter von ihr entfernt und kam schwerfällig auf sie zu. Es war Anna, als ob alles Blut aus ihren Adern wich. Sie stand nur da, starr vor Entsetzen! Ihr Herz klopfte, als wollte es aus der Brust springen. Keinen klaren Gedanken konnte sie mehr fassen – sie war ausgeliefert – das war also das Ende. Auf einmal brüllte der Bär laut und donnernd und Anna sah zu ihrem Entsetzen, wie er sich auf die Hinterbeine stellte und mit ohrenbetäubendem Gebrüll auf sie zukam. Er war riesig, so riesig, dass Anna es nicht fassen konnte. Nur noch wenige Meter trennten sie, dann würde er sie in Stücke reißen! Zum Denken war Anna nicht mehr fähig, aber da entfuhr ein Schrei ihrer Kehle – in Todesnot schrie Anna aus Leibeskräften: »Herr Jesus hilf mir!« Schlagartig blieb der Bär stehen, drehte sich um und lief davon, als würde er gejagt werden. Anna wusste nicht, wie ihr geschah. Noch starr vor Entsetzen besann sie sich kurz und rannte, so schnell sie ihre Füße trugen, durch den Wald zurück, in Richtung Wiese. In Windeseile riss Anna die Hüttentür auf, verriegelte sie von innen und ließ sich, am ganzen Körper zitternd, auf ihr Bett fallen. Dann brach sie in haltloses Schluchzen aus und konnte sich lange kaum beruhigen. Ganz langsam wurden ihre Gedanken wieder klar und sie konnte darüber nachdenken, was sich abgespielt hatte. Anna wusste zwar, dass es in manchen Gegenden Amerikas Bären gab, aber dass sie ausgerechnet hier auf Bären stoßen würde, darauf wäre sie nie gekommen. Sie wusste, es waren nur noch Sekunden gewesen und der Bär hätte sich auf sie gestürzt und zerrissen. Es war ein Wunder, ein absolutes Wunder, dass sie noch am

Leben war. Wie war das möglich? Langsam kehrte ihre Erinnerung zurück, sie hatte laut geschrien: »Herr Jesus hilf mir!«, und daraufhin hatte der Bär die Flucht ergriffen. Anna konnte es kaum fassen, als der Bär den Namen Jesus hörte, rannte er, als ginge es um sein Leben. Wie groß, wie mächtig war Jesus! Der Gedanke daran überwältigte Anna einfach. Sie konnte nur immer wieder stammeln: »Herr Jesus, ich danke dir!« Für den Rest des Tages wagte sich Anna nicht mehr aus der Hütte. Der Schock saß tief in ihr. Selbst der Appetit war ihr vergangen. Sie versuchte zu lesen, aber sie war innerlich einfach zu aufgewühlt. Außerdem fühlte sie sich irgendwie schwach und elend. Außer ein paar Beeren und ein paar Häppchen Fisch hatte sie nichts gegessen. Aufgeregt kramte Anna, ein wenig unschlüssig, was sie tun sollte, in den Schubladen herum. Da entdeckte Anna eine Schublade, die sie noch gar nicht geöffnet hatte. Neugierig machte Anna sie auf. Hervor kam ein alter Wecker, eine kleine Bibel und ein größeres Buch. Anna öffnete es und sah zu ihrer Überraschung, dass es ein Fotoalbum war. Neugierig sah sie sich die Fotos an. Auf einem Bild war ein Mann beim Angeln zu sehen, neben ihm saßen ein kleiner Junge von vielleicht vier Jahren und ein Mädchen, das etwa in Annas Alter sein mochte. Auf einem anderen Foto sah man wieder das Mädchen und an ihrer Seite eine junge, hübsche Frau, die den Arm um das Mädchen gelegt hatte. Anna wollte weiterblättern, doch sie konnte den Blick von dem Foto kaum abwenden. Die Frau strahlte so viel Wärme aus und irgendetwas an ihr kam Anna bekannt vor. Sie überlegte hin und her, was es gewesen sein konnte. Gesehen hatte sie diese Frau wohl noch nicht, und doch erinnerte sie Anna an jemanden. Anna blätterte weiter. Einige Fotos waren hier am See aufgenommen, andere zeigten ein schönes Haus mit einem herrlichen Garten, in dem die Kinder schaukelten. Und immer wieder war die Frau mit ihren Kindern zu sehen, wie sie mit ihnen spielte, oder den Arm um sie gelegt hatte. Anna nahm an, dass es ihre Kinder waren. Unwillkürlich begann Anna zu träumen. Wie gerne wäre sie jetzt das kleine Mädchen auf dem Bild. Solch eine Mutter müsste sie finden, durchzuckte es sie – aber diese Frau hatte ja schon zwei Kinder und war sicherlich nicht an einem dritten Kind interessiert. Mit einem Mal wusste Anna, an wen die Frau sie erinnerte. An ihre Mutter! Sie sah zwar anders aus, aber der Blick, die gütigen Augen, es war, als wenn ihre Mutter sie durch diese Augen anlächelte.

Anna fühlte, wie ihr die Tränen über die Wangen liefen. Mit einem Aufschluchzen warf sie sich aufs Bett. Ihr Herz schmerzte vor Sehnsucht nach ihrer Mutter, die sie so früh verlassen musste. Petzi fühlte ihren Kummer, er war irgendwie aufs Bett geklettert und leckte Anna sanft übers Gesicht. Anna drückte ihn fest an ihr Herz. »Ach, bin ich froh, dass ich wenigstens dich habe«, seufzte sie und liebkoste Petzi zärtlich. Anna zog sich die Decke über die Schultern; ihr war furchtbar kalt, außerdem hatte sie fast nichts gegessen heute. Aber es war auch nichts mehr da, der Fisch war aufgegessen und die Beeren waren auch alle. Sie spürte nicht die geringste Lust, noch einmal in den Wald zu gehen und Beeren zu pflücken. Obwohl die

Beeren ganz am Waldrand wuchsen, der Schreck saß zu tief in ihr. So begnügte sie sich mit einem Glas Wasser, lag nur auf ihrem Bett und träumte. Mit einem Mal wurde es Anna bewusst, dass sie hier festsaß, es gab keine Möglichkeit, wieder aus dem Wald herauszukommen. Sie hatte ja im Traum nicht daran gedacht, dass es hier Bären geben würde. Nein, keine zehn Pferde würden sie mehr in diesen Wald bringen. Eine tiefe Hoffnungslosigkeit überkam Anna. Sie würde jämmerlich verhungern müssen, oder erfrieren. In zwei Monaten würde es bestimmt bitterkalt und der See zugefroren sein, so dass sie dann auch nicht mehr angeln könnte. Anna weinte sich an diesem Abend in den Schlaf, sie weinte, bis sie endlich vor Erschöpfung einschlief.

Familie Marschall

Zur gleichen Zeit saß Familie Marschall auf der Veranda vor ihrem Haus. Sam Marschall hatte seinen Arm behutsam um seine Frau Shirley gelegt. Ihre Verfassung machte ihm große Sorgen. Vor fünf Monaten war ihre kleine Tochter bei einem Unfall ums Leben gekommen. Es war für beide ein furchtbarer Schlag gewesen. Auch Sam litt schrecklich unter dem Verlust. Er hatte seine kleine Tochter Jane unsagbar lieb gehabt, aber das Leben musste irgendwie weitergehen. Alles Grübeln und Fragen brachte letztendlich keine Antwort, nur eine um so größere Verzweiflung. Sam hatte inzwischen begriffen, dass seine Hilfe darin bestand, zu wissen, dass Gott keine Fehler macht, auch wenn sie es jetzt noch nicht verstehen konnten – im Himmel würden sie einmal erfahren, warum Gott ihr Liebstes so früh zu sich genommen hatte. Das gab ihm immer wieder Trost. So oft die Verzweiflung an die Tür klopfte, stellte sich Sam immer wieder vor, wie unaussprechlich glücklich Jane jetzt in der Herrlichkeit sein musste. Und dass es so war, daran hatte Sam nicht den geringsten Zweifel. Jane hatte nicht genug bekommen können, wenn Shirley und er ihr aus der Kinderbibel vorgelesen hatten. Besonders gerne hatte sie es, wenn Sam ihr von den goldenen Straßen und der großen Herrlichkeit im Himmel erzählte – dass keine Sonne und kein Mond mehr nötig sind, weil Jesus in seiner Herrlichkeit so strahlt, dass durch seine Gegenwart alles hell erleuchtet ist. Und dass alle, die Jesus in ihr Herz aufgenommen haben, einmal bei ihm in dieser Herrlichkeit sein werden, darüber hatte sich Jane unbändig freuen können. Es war, als hätte sie gespürt, dass sie schon bald dort sein würde.

Aber große Sorgen bereitete ihm Shirley, seine Frau. Sie wurde mit dem Tod ihres Kindes nicht fertig. Sam hatte wirklich Angst um sie. Seit Monaten war sie vollkommen apathisch und kaum in der Lage, den fünfjährigen Ben zu versorgen. Sie war wie taub für allen Trost, den Sam versuchte, an sie weiterzugeben. Es müsste ein Weg gefunden werden, Shirley aus ihrer Verzweiflung zu holen. Sie musste irgendwie rauskommen, mal in eine andere Umgebung. Unter Menschen zu gehen war ihr nahezu unmöglich – aber es musste irgendeine Möglichkeit geben, ihr zu helfen. Da kam Sam plötzlich der Gedanke. Das war es, sie hatten ein Ferienhaus in den Rocky Mountains, etwa drei Fahrstunden von Crossfield entfernt. Sie würden noch morgen aufbrechen – sie waren über ein Jahr nicht mehr dort gewesen. »Shirley«, sprach Sam seine Frau behutsam an, »ich habe mir etwas überlegt. Es wird dir gut tun, einmal rauszukommen. Ich möchte morgen mit dir für ein paar Wochen in unser Ferienhaus fahren.« Sam war auf Widerspruch gefasst, es dauerte lange, bis Shirley überhaupt etwas sagte. Langsam schaute sie ihren Mann an und sagte mit tonloser Stimme: »Es ist Mitte September, es ist bereits viel zu kalt.« »Was macht das schon, noch ist es warm und sollte es nachts überraschend zu kalt werden, haben wir ja einen Ofen, den wir anmachen können.

Wir werden genug warme Kleidung mitnehmen und einen Riesenvorrat an Konserven. Wir werden morgen fahren!« Es war sonst nicht Sams Art, Shirley so zu überrollen und sie nicht um ihre Meinung zu fragen, aber diesmal fühlte er, dass es am besten war. Shirley seufzte tief; eigentlich war ihr alles egal, sie fühlte sich wie eine Puppe, unfähig eine Entscheidung zu treffen. Sam nahm sie zärtlich in den Arm. »Alles wird gut, mein Schatz. Du wirst sehen, es wird dir gut tun.« Gemeinsam gingen sie ins Haus, es war noch einiges zu tun.

Ben saß vergnügt mit dem Nachbarmädchen auf der Schaukel. Er war fünf Jahre alt. Ein pfiffiger kleiner Kerl mit blondem Haarschopf und strahlend blauen Augen. Ben jauchzte übermütig, – die kleinen Beinchen holten Schwung und hoch sauste er durch die Luft. Ben hatte seine Schwester sehr gemocht, da gab es keinen Zweifel, aber langsam schien die Erinnerung an sie immer mehr zu verblassen. Er hatte die letzte Woche viel Zeit bei den Nachbarn verbracht. Matthilda war ein Jahr älter als er und Ben verehrte sie schrecklich. Sie hatte für ihn schnell die große Schwester ersetzt. Mama schaute ihn manchmal vorwurfsvoll an und hatte ihn vor kurzem gefragt, ob ihm Jane denn gar nicht fehlen würde, da hatte er ein ganz schlechtes Gewissen bekommen – aber schließlich war sie ja jetzt bei den Engeln im Himmel, warum sollte er da traurig sein? Nur, Mama war so komisch in letzter Zeit, sie lachte gar nicht mehr; und wenn er in ihre Augen sah, wurde ihm ganz komisch und er bekam manchmal Bauchschmerzen. Aber im Moment fühlte er sich glücklich, was gab es Schöneres, als mit der besten Freundin hoch durch die Luft zu fliegen.

Shirley versuchte verzweifelt, sich zu konzentrieren. In ihrem Kopf herrschte ein furchtbares Durcheinander. Was musste sie alles einpacken: Warme Kleidung, ein paar dünne Sachen, einen Schal vielleicht, falls jemand krank wurde. Irgendwie ging es doch schneller und besser, als sie dachte. So, jetzt noch die Kleidung für Ben. Zum Glück hatte sie gestern gewaschen und dank des schönen Wetters war schon alles trocken. Zu ihrer Verwunderung merkte Shirley, dass es ihr gut tat, etwas tun zu müssen. Sam hatte ihr seit Janes Tod fast alle Arbeit abgenommen. Ein wenig Arznei nehmen wir lieber auch mit, überlegte Shirley, um diese Jahreszeit konnte das Wetter ganz schnell umschlagen und man konnte sich leicht eine Erkältung zuziehen.

Etwa zwei Stunden später war alles gepackt. Um den Rest kümmerte sich Sam. Er war in den Nachbarort gefahren, um noch Lebensmittel einzukaufen. Denn Essen musste eine ganze Menge mitgenommen werden. In der Wildnis gab es nichts. Es sei denn Fisch aus dem See, oder Sam müsste auf die Jagd gehen, aber das tat er sehr ungern, weil er Tiere über alles liebte. Erschöpft ließ sich Shirley aufs Bett sinken. Seit Janes Tod bedeutete die kleinste Arbeit für sie Schwerstarbeit. Aber sie war dennoch zufrieden, irgendwie hatte sie alles geschafft.

Kurze Zeit später kam Sam zurück, bepackt mit zwei riesigen Kartons. Er hatte kräftig zugelangt. Lieber etwas zu viel mitnehmen, als zu wenig. Platz genug hatten sie in ihrem alten Jeep. Sam hatte sich dieses Auto extra zugelegt wegen ihrer Ausflüge in die Rocky Mountains. Die Straßen dort waren kaum als solche zu bezeichnen; und wenn es regnete, blieb man schnell im Matsch stecken. So verging der Nachmittag mit Vorbereitungen. Sam hatte Ben hereingeholt, für alle etwas zu essen gemacht und Ben dann zu Bett gebracht. Er sah Shirley ihre Erschöpfung an. »Geh ruhig ins Bett, Liebes, ich geh nur noch mal schnell zu Websters rüber und regle alles – dass sie in der Zeit die Hühner füttern und ein bisschen nach dem Rechten sehen.« Websters waren gute Freunde und es war in jeder Hinsicht Verlass auf sie, sie waren immer bereit einzuspringen, wenn Not am Mann war. Shirley ging ins Schlafzimmer, sie war wirklich todmüde. Aber sie wollte Ben noch einen Gutenachtkuss geben. Als sie an sein Bettchen trat, schlief er schon tief und fest. Zärtlich drückte ihm Shirley einen Kuss auf die Wange – »Wie gut, dass ich dich noch habe«, flüsterte sie. Dann fiel auch sie ins Bett und war, wie schon lange nicht mehr, in ein paar Minuten eingeschlafen.

Die Begegnung
10.

Sam erwachte am nächsten Morgen schon recht früh.
Dennoch fühlte er sich frisch und ausgeschlafen.
Leise, um Shirley nicht zu wecken, nahm er seine
Bibel, zog den Morgenmantel über und ging behutsam
die Holztreppe hinunter in die Wohnstube. Er zog die
Vorhänge auf; es versprach ein schöner Tag zu werden, in der Ferne erhob sich die Sonne am Horizont.
Sam setzte sich an den Küchentisch und begann den
Tag damit, mit seinem Herrn zu reden und in der Bibel
zu lesen. Heute berührten die Bibelworte besonders
tief sein Herz. Die Worte aus Jesaja 43 Vers 19 beweg-
ten ihn eigenartig: »Denn siehe, ich will ein Neues
schaffen, jetzt wächst es auf, erkennet ihr's denn
nicht? Ich mache einen Weg in der Wüste und Wasser-
ströme in der Einöde.«

Sam fühlte irgendwie in seinem Herzen, dass trotz
aller Not noch alles gut werden würde. Auch mit Shirley. Er merkte gar nicht, wie die Zeit verging. Ein
Geräusch ließ ihn zusammenfahren. Shirley war
erwacht und kam die Treppe herunter. Sam klappte
seine Bibel zu und wendete sich seiner Frau zu.
»Guten Morgen Schatz, ich glaube, du hast endlich
mal wieder gut geschlafen«, lächelte Sam. »Ja, das hat
mir wirklich gut getan. Ich bin gestern Abend ins Bett
gefallen und war schon in ein paar Minuten weg, aber
wenn ich aufstehe, ist alles wieder genauso furchtbar«
– um ihren Mund zuckte es verräterisch. Sam nahm

Shirley liebevoll in den Arm, er wusste um ihre Kämpfe. Jeden Morgen, wenn Shirley erwachte, stand ihr die grausame Wirklichkeit wieder vor Augen; und es war, als wenn eine eiserne Hand nach ihrem Herzen griff und sie erdrückte. Es kostete sie unendlich viel Kraft, aufzustehen und mit dem gewohnten Tagesablauf zu beginnen. »Geh nur hoch und mach dich fertig, Shirley, ich mache in der Zeit das Frühstück.« Shirley gehorchte mechanisch.

Kurze Zeit später saßen sie zu dritt am Frühstückstisch. Ben war inzwischen erwacht und hatte, wie immer, einen Mordshunger. »Kann ich noch ein Frühstücksei bekommen?«, fragte Ben mit heller Stimme. »Na, ausnahmsweise«, blinzelte Sam ihm zu, »du musst doch gestärkt sein für die lange Fahrt.« »Welche Fahrt denn? Wo fahren wir hin?«, haspelte Ben aufgeregt. »Nun, wir haben beschlossen, dass wir noch für ein paar Tage in unser Häuschen in die Rocky Mountains fahren.« »Oh, prima!« Ben war vor Begeisterung nicht mehr zu halten – aufgeregt hüpfte er im Zimmer herum. »Du weißt doch noch, wie schön es dort war, oder?« »Hm«, überlegte Ben angestrengt, »es fällt mir nicht mehr ein, wie es da war, aber gab es da nicht Bären und Bärenbabys? An irgendwas erinnere ich mich noch.« »Ja, so ist es«, lachte Sam, »dort gibt es auch Bären und wir haben vor zwei Jahren dort auch welche gesehen, allerdings warst du erst drei Jahre alt, du wirst dich nicht mehr an allzu viel erinnern.« »Oh toll, da will ich hin und mit den Bärenbabys spielen«, jubelte Ben. »Na, also aus dem Spielen mit Bärenbabys wird nichts, mein Sohn. Das würde die Bärenmutter nicht erlauben. Bären sind keine Schmusetiere, sie können ganz schön gefährlich werden. Aber weißt du was, du ziehst dich jetzt ganz schnell an, Mami und ich packen die Sachen ins Auto, dann kann es losgehen. Im Auto erzähle ich dir, was es da noch alles für Tiere gibt – einverstanden?« »Yippieh!« Begeistert stürzte Ben ins Bad, um so schnell wie möglich fertig zu sein.

Das Wetter war herrlich. Kurze Zeit später saßen alle im Auto und los ging die Fahrt. Sam stimmte ein Lied an und Ben sang aus Leibeskräften mit. Er war bester Laune, immer wieder stellte er seinem Vater Fragen über all die Tiere, die es dort gab. Und Sam erzählte ihm geduldig von Bären, Bibern, Füchsen, Wölfen, Murmeltieren, Waschbären und vielem mehr. Shirley hatte die Augen geschlossen, sie wollte ihrem kleinen Sohn nicht die Fahrt verderben, aber ihr Herz zog sich bei dem Gedanken an den letzten Urlaub in den Bergen schmerzlich zusammen. Da war ihre Jane noch dabei und es war einfach unfassbar, dass es nun nie mehr so sein würde, wie es war. Sam streichelte ihr liebevoll über die Wange. Wie gut, dass ihr Mann so geduldig mit ihr war. So vieles musste er in letzter Zeit für sie machen.

Die Fahrt verging wie im Flug. Schon bald zeichneten sich riesige Bergkuppen am Horizont ab, die mit jedem Kilometer näher kamen. Mit der Zeit wurde die Straße immer unwegsamer. Die letzte Ortschaft zog an ihnen vorbei. Sam sah auf die Uhr, es war bereits kurz nach eins. Nur noch zwanzig Minuten hatten sie jetzt zu fahren, dann hörte der Weg auf. Die letzten Meter bis zur Hütte musste man zu Fuß gehen. Ben war schon ganz aufgeregt. Ein Wolf heulte in der Ferne und kurze Zeit später stimmte das ganze Rudel mit ein. »Papi, was ist das?« Ben hüpfte zappelig und etwas ängstlich auf seinem Sitz herum. »Das sind Wölfe, Ben, aber du brauchst keine Angst zu haben, ich habe mein Gewehr dabei, und wenn sie uns zu nahe kommen, schieße ich einfach in die Luft und sie suchen das Weite. Außerdem ist es nicht weit bis zur Hütte.« Der Wagen holperte und schaukelte durch den Wald. Als Weg konnte man das, worauf sie fuhren, kaum noch bezeichnen. Endlich war die Fahrt zu Ende, der Weg endete abrupt. Vor ihnen lag dichter Wald. »Papi, wo ist die Hütte und der See?«, fragte Ben etwas enttäuscht. »Nur Geduld, mein Junge, wir müssen noch ein paar Minuten durch den Wald laufen, dann ist es geschafft. Aber wir haben noch einiges zu tragen. Hier, Ben, den Korb kannst du tragen, der ist nicht allzu schwer.« Sam nahm die schwersten Sachen und ging voran. Der kleine Schleichpfad, den er vor zwei Jahren freigeschlagen hatte, war weitgehend wieder zugewachsen. Die ersten Meter waren mühsam, aber dann ging es besser. Sam hatte sein Jagdgewehr über der Schulter hängen, außerdem hatte er ein kleines Glöckchen an seinem Rucksack hängen, das bei jedem Schritt bimmelte. Das war die beste Möglichkeit, die Bären abzuhalten.

Langsam lichtete sich der Wald. Die ersten Sonnenstrahlen wurden sichtbar. Bald darauf war es geschafft. Vor ihnen erstreckte sich eine grüne Wiese und in der Ferne spiegelte sich der tiefblaue See. Am Horizont ragten in malerischer Schönheit die Berge in den Himmel. Sam blickte seine Frau an: »Ist das nicht der schönste Platz auf diesem Erdboden?« Shirley nickte, auch sie war von dem Anblick überwältigt. Dankbar sah sie zu Sam auf und flüsterte mit Tränen in den Augen: »Danke.« Freude durchflutete sein Herz und Sam wusste auf einmal mit Bestimmtheit, dass es Gottes Wille war, dass sie gekommen waren. Es würde alles gut werden.

Sie liefen auf die Hütte zu. Mit einem Mal stutzte Sam: Die Tür stand ein Stück offen, irgendetwas stimmte hier nicht, das fühlte er. Er setzte die schwere Last ab, befahl Shirley und Ben stehen zu bleiben und öffnete, das Gewehr im Anschlag, vorsichtig die Tür. Es konnte sein, dass sich irgendwie ein Bär Eintritt verschafft hatte. Er trat ein und sah sofort, dass jemand hier war. Unter dem Tisch bewegte sich etwas. Sam stand da, bereit, zur Not auf den Bären zu schießen. Da kroch unter dem Tisch etwas hervor und Sam atmete erleichtert auf, es war ein kleiner Waschbär. Aber wie war er hier hereingekommen; und das Seltsame war, er kam ganz ohne Scheu auf Sam zu. Das war äußerst ungewöhnlich, normalerweise fürchteten sich Waschbären vor Menschen. Es gab eigentlich nur eine Erklärung für sein ungewöhnliches Verhalten, er musste die Tollwut haben. Sam musste handeln, bevor er vielleicht jemanden von ihnen beißen würde, ein Biss konnte tödlich sein. So schwer es ihm viel, er spannte den Hahn seines Gewehrs, zögerte aber abzudrücken. Da plötzlich, Sam schrak zusammen, rief eine Stimme aus dem Nebenraum: »Petzi, was machst du denn, komm doch ein bisschen zu mir.« Der Waschbär spitzte die Ohren und trollte sich tatsächlich ins andere Zimmer. Sam nahm das Gewehr herunter, das war doch eine Kinderstimme. Langsam ging er auf das Zimmer zu und trat leise ein. Anna, die auf dem Bett saß, ließ das Buch aus der Hand fallen, starrte auf den Mann in der Tür, dann auf das Gewehr und schrie. Sie schrie und schrie voller Panik. Sam legte erschrocken sein Gewehr auf den Boden. Mit beruhigenden Worten redete er auf Anna ein. Da stand plötzlich eine Frau im Hintergrund und sah ihm über die Schulter. Langsam beruhigte sich Anna, sie zitterte aber immer noch am ganzen Körper. Jetzt entdeckte sie auch einen kleinen Jungen, der sie neugierig anschaute. Und mit einem Mal erkannte Anna, das waren die Leute, die sie auf den Bildern gesehen hatte. Da wusste sie, sie brauchte sich nicht zu fürchten. Aber wie sollte sie ihnen erklären, warum sie in ihrer Hütte war. Da prustete Ben auch schon los: »Was machst du denn hier? Das ist doch unsere Hütte!« Und weil Anna immer noch recht ängstlich dreinschaute, meinte er gönnerhaft: »Aber du kannst ruhig ein paar Tage hier bleiben.«

Petzi war auf Annas Bett geklettert und die drei sahen verwundert, dass er sich in Annas Arm kuschelte. »Nun, ich würde sagen«, durchbrach Sam die gespannte Atmosphäre, »wir nehmen erst einmal eine Stärkung zu uns und das kleine Fräulein ist natürlich herzlich eingeladen.« Shirley und Sam warfen sich viel sagende Blicke zu, beide sahen, dass Anna vollkommen unterernährt war. Shirley machte sich daran, den Tisch zu decken. Sam schaute sie verwundert an, es war schon lange her, seit er sie so eifrig und entschlossen etwas tun sehen hatte. Was auch immer das kleine Mädchen hierher geführt hatte, es war gut für Shirley, schoss es ihm durch den Kopf. Sam und Ben gingen noch mal zum Auto, um die restlichen Sachen zu holen. Shirley deckte für vier Personen, wie früher. Jetzt war sie froh, dass Sam so viel eingekauft hatte, die Kleine sah ja halb verhungert aus. Wie lange sie wohl schon hier sein mochte? Shirley stellte Brot, Butter, Käse, ein bisschen Obst und Plätzchen auf den Tisch. Den Tisch schmückte ein bunter Blumenstrauß. »Hast du den gepflückt?«, fragte sie Anna. Anna nickte. Shirley sah, wie ihr Blick begierig auf das Essen gerichtet war. »Du hast wohl Hunger, was?« Anna schluckte nur, sie wollte doch nicht sagen, dass sie seit langem nichts mehr anderes als Fisch und Brotkrusten gegessen hatte. Aber Shirley verstand auch so. Inzwischen waren Sam und Ben zurückgekommen. »Oh, sind wir hungrig«, riefen die zwei wie aus einem Mund. »Na, dann setzt euch mal und du auch«, lächelte Shirley Anna an. Alle falteten die Hände und Sam sprach ein kurzes Gebet, in dem er für die Bewahrung auf der Fahrt, für das reichhaltige Essen und den Gast dankte. Anna staunte, so hatte sie schon lange niemanden mehr beten hören, eigentlich seit ihre Mutter nicht mehr lebte. Das Gebet hatte sie an Mamas Gebete erinnert. Das war anders als bei Frau Dexter im Kinderheim, wenn sie fürs Essen gedankt hatte. Die Marschalls ermunterten Anna zuzugreifen, was sie sich nicht zweimal sagen ließ. Anna hatte einen Bärenhunger, am liebsten hätte sie von all den guten Sachen etwas probiert. Aber sie wollte ja nicht zu unverschämt aussehen. Die Marschalls ermunterten sie immer wieder, zuzugreifen, doch zu ihrer Verblüffung merkte Anna, dass kaum etwas in ihren Bauch passte, sie war ganz schnell satt. Ihr Magen hatte sich an die kleine Menge, die sie seit Wochen zu sich nahm, gewöhnt. Sam versuchte behutsam, etwas aus Anna herauszulocken. »Sag mal«, fing er an, »äh, wie heißt du eigentlich?« »Anna!« »Wie hast du das nur geschafft, den kleinen Waschbären so zahm zu bekommen? So etwas habe ich im Leben noch nicht gesehen. Ich wusste gar nicht, dass man Waschbären zähmen kann.« Petzi saß währenddessen bei Ben auf dem Schoß, der auch schon fertig gegessen hatte, und ließ sich das Fell kraulen. Ben war ganz begeistert von dem drolligen kleinen Waschbären.

»Der ist eigentlich ganz von alleine so zahm geworden«, erzählte Anna. »Als ich durch den Wald lief, habe ich ein Geräusch gehört und ihn in einer Falle gefunden. Er war am Fuß verletzt und da hab ich ihn bis hierher getragen.« »Aber sag mal«, wunderte sich Sam, »wie hast du hierher gefunden und haben deine Eltern dich ganz alleine durch den Wald gehen lassen?« Anna schluckte, da war sie, die gefürchtete Frage. »Äh, hm, eigentlich hab ich gar keine Eltern mehr«, erzählte Anna wahrheitsgemäß. »Ja, aber du musst doch irgendwo wohnen«, forschte Sam weiter. »Ich habe bei meiner Tante gewohnt, aber ich war ihr zu viel und sie hat mich weggeschickt, und ich bin einfach nur so herumgelaufen und hierher gekommen.« »Und deine Tante sucht dich jetzt nicht?«, hakte Shirley noch einmal nach. »Nein«, beharrte Anna, »sie hat mich ja weggeschickt.« »Und da ist niemand, der dich jetzt vermisst? Nicht, dass wir dich hier behalten und man sucht dich in dieser Zeit«, fragte Sam noch einmal. »Nein, niemand sucht mich«, sagte Anna fest. Sie hatte plötzlich furchtbare Angst, wieder ins Kinderheim zu müssen. Sam kam das Ganze recht seltsam vor, aber man hörte ja die unmöglichsten Geschichten. Die nächste Polizeistation war ziemlich weit entfernt und einstweilen war Anna hier gut aufgehoben. »Na, dann kannst du mit uns hier Ferien machen«, sagte Shirley und lächelte Anna fast glücklich an. Wieder war Sam verwundert, so fröhlich hatte er seine Frau seit Janes Tod nicht mehr gesehen. Sollte das alles Zufall sein, schoss es ihm durch den Kopf. Was wäre mit dem Mädchen passiert, wenn sie nicht hierher gekommen wären, gar nicht auszudenken.

»Können Anna und ich aufstehen und ein bisschen draußen spielen?«, fragte Ben, der langsam zappelig wurde. »Na, dann saust mal los«, entschied Sam, »geht aber auf keinen Fall allein in den Wald, hört ihr?« Die beiden nickten und weg waren sie. Shirley schaute ihnen in Gedanken versunken hinterher, es war fast wie damals. Anna musste im gleichen Alter sein, wie Jane jetzt wäre. Was mochte sie schon alles in ihrem kurzen Leben erlebt haben, überlegte Shirley, ein Kind, das niemand haben wollte, es musste furchtbar für sie sein. »Sag mal, was hältst du von der Sache«, Sam sah seine Frau an, »glaubst du ihr die Geschichte mit der Tante?« »Warum nicht«, antwortete Shirley fast ein bisschen heftig. »Es gibt solche Menschen, die ein Kind einfach vor die Tür setzen.« Sam merkte ihr an, dass sie Angst hatte, er würde Anna sofort zur Polizei bringen. »Aber vielleicht sollte ich doch besser morgen zur nächsten Polizeistation fahren und fragen, ob jemand vermisst wird.« »Aber ich habe ihr doch gesagt, dass sie mit uns hier Urlaub machen kann«, widersprach Shirley ängstlich, »die würden sie doch sofort in ein Heim stecken.« »Vielleicht hast du Recht«, überlegte Sam, »ich werde darüber nachdenken.« »Weißt du was«, meinte Sam, »du räumst den Tisch ab und ruhst dich erst einmal ein bisschen aus, ich geh in der Zeit zu den Kindern.« Shirley nickte, sie war wirklich ziemlich müde von der Fahrt.

Der Biber

Ben und Anna saßen am Ufer des Sees und erzählten eifrig, als Sam sich näherte. Der kleine Waschbär planschte im Wasser herum und versuchte, sich etwas Essbares zu angeln. Sam musste lachen, so nah hatte er noch nie einen Waschbären beim Fischen beobachtet. Es war wirklich eine Attraktion, wie zahm der Kleine war. »Na, ihr zwei, darf ich mich ein bisschen zu euch setzen?«, fragte Sam und ließ sich neben ihnen im Gras nieder. »Na klar«, meinte Ben großmütig – »du Papa, weißt du, was Anna mir gerade erzählt hat«, sprudelte Ben aufgeregt hervor. »Sie ist mit Petzi im Wald gewesen und hat plötzlich ein ganz lautes Brummen gehört und dann stand plötzlich ein riesiger Bär mit seinem Jungen vor ihr und wollte sich gerade auf sie stürzen.« Ben war aufgesprungen, um mit Händen und Füßen zu beschreiben, was Anna ihm erzählt hatte. »Du Papa, ich will lieber doch nicht in den Wald gehen, um Bärenbabys anzusehen!« Dann erzählte Anna noch einmal in allen Einzelheiten, was sie erlebt hatte, nur, dass sie laut Jesus um Hilfe angerufen hatte, verschwieg sie – ob der Mann das verstanden hätte? »Ja, aber«, hakte Sam nach, »wie hast du es geschafft, dem Bären zu entkommen? Bären sind schnell, und wenn sie erst mal in Angriffsposition sind, hat man eigentlich keine Möglichkeit mehr, ihnen zu entkommen.« »Na ja«, versuchte Anna zögernd zu erklären, »ich habe in meiner Angst laut gerufen.« »Ich muss sagen, das wundert mich trotz-

dem, normalerweise lässt sich ein Bär auch von lautem Schreien nicht beeindrucken, und wenn es eine Mutter mit ihrem Jungen ist, ist es eigentlich unmöglich, sie zu vertreiben. Was hast du denn gerufen?«
»Hm, ich hatte gar keine Zeit nachzudenken, ich habe laut gerufen: ›Herr Jesus hilf mir!‹, und da hat sich der Bär sofort umgedreht und ist brüllend weggelaufen.«

Sam war überwältigt von dem, was er soeben gehört hatte. Dieses kleine Mädchen hatte so wunderbar die Hilfe Jesu erfahren, und was ihn noch bewegte, war, dass Anna Jesus kannte. »Sag mal Anna, kennst du Jesus, ich meine, sonst hättest du doch sicher nicht seinen Namen gerufen?« Anna nickte. »Meine Mutter hat mir sehr viel von Jesus erzählt und mir oft biblische Geschichten vorgelesen. Und dann«, sprudelte Anna hervor, »hat mir Jesus auch geholfen, diese Hütte und die Wiese zu finden. Ich hatte mich nämlich total im Wald verlaufen und wäre fast verdurstet, da habe ich gebetet und mit einem Mal bin ich ganz ruhig geworden und auch den schlimmen Durst habe ich gar nicht mehr gespürt. Und kurze Zeit später wurde es plötzlich hell und ich sah die Sonnenstrahlen. Ich bin dann in die Richtung gelaufen, wo es hell wurde, und so habe ich die schöne Wiese, den See und die Hütte gefunden. Es war auch wirklich sehr schön hier, ich hab sogar öfter Fische geangelt und ich hatte ja auch Petzi. Aber seit ein paar Tagen fand ich es nicht mehr so schön, weil ich furchtbar hungrig war und Angst hatte, dass ich hier verhungern muss. Durch den Wald hätten mich keine zehn Pferde mehr gebracht.« Munter plapperte Anna drauf los. Plötzlich hielt sie erschrocken inne, hoffentlich hatte sie nicht zu viel gesagt und sich verdächtig gemacht. Aber Herr Marschall hatte ihr nur interessiert zugehört, er schien nicht misstrauisch zu sein. Lange noch saßen die drei zusammen und erzählten. Für Ben war Anna eine Heldin, sie hatte einem riesigen Bären gegenüber gestanden und mehrere Wochen ganz alleine hier in der Wildnis gewohnt. Er hatte eine neue Freundin gefunden. Die drei beobachteten Petzi, wie er im seichten Wasser stand und sich mit Hilfe der Pfoten Leckerbissen angelte. Spielerisch tatzte er im Wasser herum und fing tatsächlich allerlei Kleintiere und sogar kleine Fische, von denen es im Wasser nur so wimmelte. Herr Marschall erklärte den beiden: »Waschbärpfoten haben viele Nerven, mit ihnen können sie unter Wasser alles ertasten. Die Pfoten sind für einen Waschbären genauso wichtig, wie für einen Menschen die Augen.« »Was frisst ein Waschbär normalerweise alles?«, fragte Anna. »Weißt du was, nenn mich doch einfach Onkel Sam, wenn es dir recht ist.« Anna nickte, Onkel Sam gefiel ihr auch viel besser. »Also«, erklärte Onkel Sam, »Waschbären ernähren sich hauptsächlich von Pflanzen, Pilzen, Kleintieren, Früchten und natürlich auch von Fischen. Dein Waschbär hat hier auf der Wiese so ziemlich alles, was er braucht. Nur das Klettern wird er irgendwann erforschen wollen, ein Waschbär klettert mit Vorliebe auf Bäumen herum.« Aufmerksam hatte Anna zugehört; wie gut sich Onkel Sam mit allem auskannte. Bewundernd sah ihn Anna an – so einen Vater müsste ich haben, dachte sie. »Habt ihr Lust, noch ein Stückchen um den See zu laufen?«, fragte Sam die beiden. Und ob sie Lust hatten! Petzi lief wie ein Hündchen hinterher. »Man lernt doch nie aus«, lachte Sam, »einen zahmen Waschbären habe ich noch nie gesehen.« Ben war ganz aus dem Häuschen vor Freude, übermütig hüpfte er umher und sang dabei: »Es ist so schön hier, es ist so schön hier!« Sam fuhr ihm über den blonden Schopf. »Das finde ich auch, mein Sohn!«

»Pst«, flüsterte Anna plötzlich, »da hinten sind Biber. Wenn man sich ganz vorsichtig anschleicht, kann man sie beobachten.« Herr Marschall, Ben und Anna versteckten sich hinter einem Felsblock und – tatsächlich schauten kurze Zeit später zwei schwarze Knopfaugen aus dem Wasser. Vorsichtig schaute der Biber sich um. Es schien keine Gefahr für ihn zu geben. Eifrig machte er sich an die Arbeit, an seiner Holzburg weiter zu bauen. Deutlich konnte man das nagende Geräusch von Holz vernehmen. Auf einmal tauchte noch ein Biber aus dem Wasser auf. Anna war ganz aufgeregt. »Da hinten ist ein kleiner Biber«, flüsterte sie. »Tatsächlich«, nickte Sam. Und plötzlich beobachteten die drei etwas Faszinierendes. Der Biber nahm sein Junges in die Vorderpfoten und stieg mit ihm aus dem Wasser. Watschelnd, aufrecht, fast wie ein Mensch, trug er sein Kind im Arm. Ben quietschte vor Begeisterung. Sam legte ihm die Hand auf den Mund. Jetzt setzte die Bibermutter ihr Kind ab und beide machten sich mit Appetit über das Grün am Rande des Sees her. Ungefähr fünf Minuten fraßen sie sich satt, dann ging es auf dieselbe Art und Weise wieder ins Wasser. Vorsichtig, um die Biber nicht aufzuscheuchen, schlichen sich die drei davon. »Das war vielleicht süß«, prustete Ben begeistert los. »Der Biber hat sein Baby ja richtig wie ein Mensch getragen!« Auch Anna war ganz begeistert. »Sind die vielleicht putzig!«, sagte sie immer wieder. »Das müssen wir unbedingt Mami zeigen«, drängte Ben. »Ja, das müssen wir natürlich«, lachte Sam. »Ich wette, Mama ist genauso fasziniert von den Bibern, wie ihr. Aber jetzt ist es schon zu spät, bis wir zurück und dann noch einmal hierher gelaufen sind, ist es dunkel. Außerdem bist du ganz schön müde, wenn ich richtig sehe, oder?« Ben wollte protestieren, aber wenn er ehrlich war, war er wirklich hundemüde. »Wir haben ja noch viel Zeit«, sagte Sam. »Unser Urlaub hat doch erst angefangen.« »Das war ein schöner Tag«, strahlte Anna, »und ich kann mich nicht erinnern, wann es einmal so schön war. Früher mit Mama, aber das ist schon so lange her.« Anna blickte gedankenversunken in die Ferne. Auch Sam war voller Dankbarkeit, dass ihre gemeinsamen Gespräche und was sie erlebt hatten, Anna so glücklich gemacht hatte. Bald waren sie an der Hütte angelangt. Shirley saß auf der Bank und schaute ihnen erwartungsvoll entgegen. Ben stürzte aufgeregt auf sie zu. »Mami, Mami, weißt du, was wir gesehen haben? Gaaanz viele Biber, die Burgen gebaut haben; und eine Bibermama hat ihr Baby aus dem Wasser getragen. So hat sie ihr Baby getragen!« Ben machte es der Mutter vor. Er erzählte und erzählte mit glühenden Wangen, was sie erlebt hatten. Und auch Anna warf ab und zu einen Satz ein. »Frau Marschall, kommst du morgen mit die Biber ansehen?«, fragte sie. »Und ob ich mitkomme«, lachte Shirley, »ihr habt mich ganz schön neugierig gemacht! Aber weißt du was, Anna, sag einfach Tante Shirley zu mir, ja?« Anna nickte.

Die Sonne stand schon tief am Himmel, jetzt merkte auch Anna, wie müde sie war. Gemeinsam gingen sie in die Hütte. Dort hatte Shirley schon ein leckeres Abendessen vorbereitet. Alle ließen es sich schmecken. Anna fühlte sich müde aber glücklich. »Es war so schön heute«, sagte sie immer wieder leise, als wollte sie ihr Glück festhalten. Shirleys Augen glänzten feucht; sanft streichelte sie Anna übers Haar und flüsterte: »Ja, es war wirklich sehr schön.«

Bald darauf, nach einer kurzen Katzenwäsche lagen Anna und Ben in ihren Betten. Anna hatte mit Ben getauscht und lag nun über ihm im Hochbett. Sam las den beiden noch eine Gute-Nacht-Geschichte vor und betete mit ihnen. Bald darauf hörte man Ben gleichmäßig atmen, er war eingeschlafen. »Gute Nacht, Anna, schlaf gut«, sagte Sam sanft und strich Anna übers Haar. »Gute Nacht, Onkel Sam.« An der Tür drehte sich Sam noch einmal um und sagte: »Es ist traurig für dich, Anna, dass deine Mutter nicht mehr lebt und deine Tante dich fortgeschickt hat. Aber eins sollst du wissen, wir freuen uns, dass du hier bei uns bist!« »Danke«, flüsterte Anna nur. Sie fühlte sich mit einem Mal ganz komisch. Freude erfüllte ihr Herz, dass da jemand war, dem sie etwas bedeutete. Aber auch ihr schlechtes Gewissen machte sich bemerkbar. Sie hatte die netten Marschalls angelogen. Sie wurde gesucht und hatte es ihnen nicht erzählt. Vielleicht erzähle ich morgen die ganze Wahrheit, tröstete sich

Anna und war schon im nächsten Augenblick eingeschlafen. Draußen vor der Hütte saßen Sam und Shirley beim Schein der Petroleumlampe auf der Bank.
»Weißt du was, Sam«, sagte Shirley leise, »ich fühle
mich heute das erste Mal seit Janes Tod wieder glücklich.« »Das habe ich gemerkt, Liebes«, sagte Sam
zärtlich, »und du weißt gar nicht, wie froh mich das
macht!« Sam drückte sie liebevoll an sich. Noch eine
ganze Zeit lang saßen die beiden so da und genossen
die Stille der Nacht.

Die Tage vergingen wie im Flug. Onkel Sam hatte
immer andere spannende Einfälle, um den Urlaub so
abwechslungsreich wie möglich zu gestalten. An
einem Tag waren die Kinder mit Onkel Sam schon
ganz früh aufgestanden, um die Tiere im Wald bei der
Futtersuche zu beobachten. Onkel Sam wusste, wie
man sich verstecken musste, dass die Tiere nicht auf-
gescheucht wurden. Sie beobachteten viele Tiere. Sie
sahen Hirsche, Rehe, Wölfe und einmal sogar einen
dicken zotteligen Braunbären, der sich an einem
Baumstamm den Rücken kratzte. Sam ging mit den
Kindern nie zu tief in den Wald hinein. Sein Gewehr
hatte er immer griffbereit. Mit Onkel Sam hatte Anna
keine Angst, in den Wald zu gehen; sie vertraute ihm
bedingungslos. Nur Shirley ging bei diesen Abenteu-
ern nicht mit. Ihre Nerven waren noch nicht so gut, sie
schreckte oft bei dem kleinsten Geräusch zusammen.
Obwohl es ihr, seit sie hier waren, viel besser ging. Sie
lebte förmlich auf hier draußen in der Natur. Und
manchmal konnte sie jetzt sogar an ihre Tochter Jane
denken, ohne traurig zu sein. Sie dachte immer öfter

darüber nach, wie glücklich Jane jetzt im Himmel war. Sie hatte also gar kein Recht, um Jane zu trauern. Das Wichtigste war doch, dass es Jane gut ging – und dass es so war, wurde Shirley langsam immer mehr bewusst. Shirley wusste aber auch, dass sie es nicht zuletzt Anna zu verdanken hatte, dass es ihr jetzt besser ging. Es war wie ein Wunder, dass sie dieses kleine Mädchen ausgerechnet hier gefunden hatten. Aber was war, wenn der Urlaub zu Ende war, immer konnte es nicht so bleiben, dies war Shirley klar. Was würde aus Anna werden? Schon ein paar Mal hatte Shirley daran gedacht, ob es nicht möglich wäre, Anna zu sich zu nehmen. Aber wenn vielleicht noch andere Verwandte da waren. Shirley hatte bisher noch nicht gewagt, mit Sam darüber zu reden. Ob er Anna genauso lieb haben konnte wie Jane; ob er bereit dazu wäre, ein anderes Kind aufzunehmen? Shirley nahm sich vor, so bald wie möglich mit Sam darüber zu reden.

Ein unvergesslicher Abend

12.

Die Bäume hatten ihr Aussehen verändert. Die frischen, grünen Blätter hatten sich bunt gefärbt. Es sah aus, als hätte ein Maler innerhalb von ein paar Tagen den Bäumen und Büschen neue Farben angepinselt. Rot, orange, gelb, braun, in allen Farben leuchtete die Natur. Morgens lag jetzt meistens ein kühler Nebel in der Luft. Aber die Tage waren strahlend schön und sonnig.

»Wir haben einen richtig herrlichen Indian Summer«, meinte Onkel Sam. »Was heißt denn Indian Summer?«, wollte Anna wissen. »So nennt man den Spätsommer und Herbst in Kanada, wenn die Blätter sich bunt färben«, erklärte ihr Onkel Sam. »Sagt mal, Kinder, habt ihr Lust, heute Abend ein richtig schönes Lagerfeuer zu machen?«, fragte Sam. »Ja! Yippieh!«, riefen die zwei begeistert aus. Und ob sie Lust hatten. »Dann müssen wir aber noch eine ganze Menge Holz suchen.« Mit Feuereifer machten sich die Kinder an die Arbeit. Sie sammelten, bis ein riesiger Stapel Holz vor ihnen lag. »Das wäre geschafft!«, sagte Onkel Sam. »Jetzt brauchen wir nur noch etwas zum Grillen«, meinte Tante Shirley verschmitzt. »Was meint ihr, Kinder, wollen wir zusammen angeln gehen?« Ihr Vorschlag wurde mit Begeisterung angenommen. Bald darauf liefen alle vier mit einer Angel ausgerüstet zum See hinunter. Petzi hopste hinterher. Es war kurz vor vier und noch angenehm warm. Zum

Schwimmen reichten die Temperaturen allerdings schon seit einigen Tagen nicht mehr. Nur Petzi schien das ganz anders zu sehen. Während die Familie Marschall und Anna angelten, planschte er vergnügt im Wasser umher und versuchte sich ebenfalls beim Angeln. »Petzi, du verscheuchst uns ja die ganzen Fische!«, schimpfte Anna mit ihm. Trotzdem mussten alle über den kleinen drolligen Kerl lachen. Und als ob sich die Fische an Petzi nicht störten, fingen sie innerhalb der nächsten Stunde neun Fische, darunter zwei herrlich große Lachse. »Ich glaube, das reicht für die nächsten zwei Tage«, lachte Sam. »Wenn wir noch mehr angeln, müsst ihr morgens, mittags und abends Fisch essen.« Das wollten die Kinder dann doch nicht. Mit ihrer Beute liefen alle zurück zur Hütte.

»Ich habe auch noch eine Überraschung für euch«, lächelte Shirley geheimnisvoll. »Oh, was denn Mami?«, bestürmte Ben sie. »Das verrate ich noch nicht. Ich habe in der Hütte noch ein bisschen was vorzubereiten und ihr sucht in der Zwischenzeit für jeden zwei lange Stöcke, die ihr vorne anspitzt. Papa hilft euch sicher dabei.« Und weil aus Mama nicht mehr zu entlocken war, machten sich Anna und Ben auf die Suche nach den Stöcken; in der Hoffnung, bald die Überraschung zu erfahren. Die Stöcke waren schnell gefunden und bald war jeder damit beschäftigt, seine Stöcke mit einem Taschenmesser anzuspitzen. Sam half natürlich dabei. Danach wurde gemeinsam das Holz für das Feuer aufgeschichtet und kurz darauf loderte und prasselte ein großes Lagerfeuer vor sich hin. Langsam wurde es dunkel. Die Kinder holten die Fische herbei und Sam setzte sich mit seiner Gitarre ans Feuer. Aus voller Kehle stimmte er ein Lied an und bald sangen drei kräftige Stimmen ein Lied nach dem anderen. Sam war verblüfft, dass Anna viele der alten Glaubenslieder, die er anstimmte, kannte. Nun endlich trat auch Shirley aus der Hütte ans Feuer. In den Händen hatte sie eine große Schüssel. Neugierig kiebitzte Ben hinein. Sein Gesicht sah sichtlich enttäuscht aus. »Aber Mama, was ist denn das? Das ist ja nur Teig! Sollen wir etwa rohen Teig essen?« »Nein, das will ich euch nicht zumuten«, lachte Shirley. »Passt auf, ich erkläre euch, was ihr mit dem Teig machen müsst. Jeder formt sich eine Wurst aus Teig und wickelt sie dann um den Stock.« Shirley machte es ihnen vor. »Dann haltet ihr den Stock über das Feuer. Nicht zu tief, dass der Teig nicht verbrennt. Das nennt man Stockbrot. Schon die Indianer haben es mit einem etwas anderen Teig so gemacht.« Anna und Ben waren begeistert. Brot backen wie früher die Indianer, das war etwas ganz Tolles, fanden sie. Mit glühenden Wangen waren bald alle am Kneten und Wickeln. Kurz darauf hatte ein jeder seinen Stock über den Flammen. Zusammen sangen sie Gott ein Danklied für den schönen Abend und das ganz besondere Essen. Dann erzählte Onkel Sam Indianergeschichten. Er erzählte so spannend, dass Anna und Ben das Gefühl hatten, selbst unter Indianern zu sein. Onkel Sam erzählte von den wilden Indianertänzen am Lagerfeuer, wie sie die Friedenspfeife kreisen ließen, von den Beutezügen der Indianer, wenn sie auf Büffeljagd gingen und sich aus zerstoßenen Pflanzen eine Art Brei machten und sich damit die Gesichter anmalten. Sam erzählte auch von der tiefen Verbundenheit der Indianer mit der Natur. »Die Indianer Kanadas zum Beispiel«, erzählte er, »warten jedes Jahr voller Sehnsucht, dass die Scharen von Schneegänsen, die jedes Jahr vor Wintereinbruch das Land verlassen, im Frühling zurückkehren. Das ist ein riesen Freudenfest für sie. Die Indianer sagen, wenn wir die Schneegänse nicht gut behandeln, kommen sie nicht wieder zu uns zurück und es gibt keinen Sommer.« Anna saß wie gebannt da und lauschte Onkel Sams Erzählungen. Ab und zu stellte sie eine Frage. »Wohin fliegen denn die Schneegänse, Onkel Sam?« »Die Gänse fliegen Tausende von Kilometern in den Süden. Viele fliegen nach Mexiko. Sie können viele hunderte von Kilometern auf einmal zurücklegen. Dann aber müssen sie von Zeit zu Zeit landen, um auszuruhen und zu fressen. Sie fressen sich an den Körnern und dem Mais, der nach der Ernte zurückgeblieben ist, satt und nach einer Ruhepause geht der Flug weiter. Sie fliegen über die riesigen Nadelwälder Kanadas, über die Bisonherden Nordamerikas, immer weiter in Richtung Mexiko. Unterwegs nach Süden treffen dann immer mehr Schwärme zusammen. Habt ihr schon mal Schneegänse schreien gehört?« Anna und Ben schüttelten den Kopf. »Ihr Ruf erfüllt den ganzen Himmel«, erzählte Sam ihnen. In Mexiko werden sie von den Pueblo-Indianern mit großem Jubel, Tanz und Gesang begrüßt.«

Während Onkel Sams Erzählungen ließen sich alle das Stockbrot und die gebratenen Fische schmecken. »Es schmeckt einfach köstlich. So gutes Brot hab ich noch nie gegessen«, strahlte Ben und Anna nickte bestätigend dazu. Der Abend war wirklich herrlich für alle. Lieder und Geschichten wechselten sich ab. »Kennt ihr das Lied ›Fest und treu wie Daniel‹?«, fragte Anna. Und ob sie das kannten. Einmütig sangen alle aus voller Kehle. Es war beinahe Mitternacht, als sie die Müdigkeit mit Macht übermannte und sie in die Hütte zum Schlafen gingen. Mit einem seligen Lächeln auf dem Gesicht schlief Anna an diesem Abend ein. Diesen schönen Tag würde sie nie, niemals mehr vergessen.

 13. Petzi

Anna und Ben verstanden sich prächtig. An manchen Tagen, wenn Sam und Shirley nichts gemeinsam mit den Kindern machten, spielten sie stundenlang zusammen. Besonders Indianerspiele hatten es ihnen, seit Onkel Sam so herrliche Indianergeschichten erzählt hatte, angetan. Petzi war natürlich immer mit dabei. Anna und Ben hatten sich hinter der Hütte mit Stöcken und Laub ihren eigenen kleinen Wigwam gebaut. Anna saß in der Hütte und stampfte in einem kleinen Kochtopf Pflanzen zu einem Brei. »Du Squaw, gutes Indianeressen machen für Häuptling ›Großer Adler‹!« Ben hatte sich mit Kriegsbemalung geschmückt und gab seiner Squaw ›Kleine Mücke‹ gebieterisch Anweisungen. ›Kleine Mücke‹ war eine gute Frau und tat ihr Bestes, ihrem Mann ein gutes Mahl zu bereiten.

Petzi hatte schon seit einigen Tagen seinen Spaß dabei, die Bäume hoch zu klettern und sich sogar von Ast zu Ast zu hangeln. Am Anfang war Anna furchtbar erschrocken darüber, bis Onkel Sam ihr erklärte, dass Waschbären die geborenen Kletterer sind und ganz bestimmt nicht abstürzen. Auch heute kletterte Petzi flink wie ein Wiesel an einem Baum hoch. Anna warf ihm hin und wieder einen Blick zu. Plötzlich hörte sie auf, ihre Pflanzen zu stampfen. »Das gibt es doch nicht!«, rief sie aus. »Schau mal Ben, auf dem Baum sitzt noch ein Waschbär!« »Au ja, ich seh ihn, ich seh ihn«, rief Ben aufgeregt. Die beiden beobachteten gespannt, wie Petzi dem anderen Waschbären immer näher kam. Jetzt saßen sie sich ganz dicht gegenüber. Erst fauchten sie sich leise an, aber nach ein paar Minuten ging das Fauchen in ein gutmütiges Schnurren über. Plötzlich machte Petzi kehrt, kletterte den Baum wieder herunter und lief Anna in die Arme. Liebevoll drückte sie ihn an sich. »Mein kleiner Schatz, jetzt hast du das erste Mal seit langer Zeit wieder einen Waschbären gesehen, was?! Vielleicht ist das ja sogar deine Mami, Petzi«, überlegte Anna. Der Waschbär auf dem Baum schnurrte weiter, als wollte er sich mit Petzi unterhalten.

Plötzlich befreite sich Petzi aus Annas Umarmung und kletterte das zweite Mal den Baum hoch. Eine ganze Zeit lang saßen die beiden sich gegenüber, schnurrten und beschnupperten sich. Plötzlich sprang der andere Waschbär auf den nächsten Baum, dann wieder auf den nächsten und verschwand im Wald. Auf einmal sprang Petzi ihm hinterher. Anna war aufgesprungen und schrie: »Petzi, Petzi, bleib hier! Du verläufst dich ja, du findest nicht mehr zurück! Petzi, Petzi!!« Anna stürzte in den Wald hinein hinter Petzi her. Aber nirgendwo war eine Spur von ihm zu sehen. Plötzlich stand Onkel Sam neben ihr und legte ihr sanft den Arm um die Schulter. »Was ist passiert, Anna?«, fragte er, obwohl er es ahnte. Schluchzend erzählte Anna, was geschehen war. »Wir müssen ihn unbedingt finden, Onkel Sam, sonst findet er vielleicht nicht mehr zurück!« Anna weinte haltlos vor sich hin. »Tiere haben eine gute Orientierung, Anna, besser als Menschen, aber weißt du, er gehört ja eigentlich in den Wald zu seiner Familie. Vielleicht möchte er dahin zurück.« »Nein, nein!«, weinte Anna laut. »Das kann er nicht machen, mich einfach hier alleine lassen. Er ist doch mein bester Freund, ich habe ihn doch so lieb!« Etwa eine Stunde liefen sie durch den Wald und suchten, aber Petzi blieb verschwunden. »Anna, wir müssen jetzt zurück zur Hütte, sonst haben wir uns nämlich verlaufen«, sagte Sam sanft und nahm Anna in den Arm. Zum Herzerweichen schluchzte Anna in Sams Armen vor sich hin. »Anna, hör mir mal zu«, versuchte Sam sie zu beruhigen, »wenn Petzi wieder zurück will, findet er wieder zurück. Aber es könnte auch sein, dass er im Wald bei seiner Familie bleiben möchte. Verstehst du das, Kleines?« Anna nickte. Langsam beruhigte sie sich. Petzi würde bestimmt wiederkommen. Zusammen liefen sie zurück zur Hütte. Shirley stand vor der Tür – sie wusste nicht, was eigentlich geschehen war, und hatte sich schon Sorgen gemacht, weil die drei solange im Wald blieben. Alleine und ohne Gewehr konnte sie sie ja nicht suchen gehen. Shirley fiel ein Stein vom Herzen, als sie die drei unversehrt kommen sah. Anna lief ihr entgegen und erzählte, was passiert war. Sofort kamen ihr wieder die Tränen. Shirley fühlte zutiefst mit Anna mit, es tat so weh, jemanden zu verlieren, den man liebte. Sie gingen in die Hütte und Sam verschloss fest die Tür. Es war kalt geworden. Seit einigen Tagen mussten sie den Ofen schon nachmittags heizen.

Anna wollte gleich ins Bett. Sie fühlte sich elend, ihr war furchtbar kalt und ihre Zähne schlugen im Schüttelfrost aufeinander. Shirley brachte ihr etwas zu essen ans Bett und eine heiße Tasse Tee. In Shirleys Armen beruhigte sich Anna langsam – das Mitgefühl tat ihr gut. »Tante Shirley«, sagte Anna plötzlich und schluckte tapfer, »ich will nur, dass es Petzi gut geht. Wenn es ihm im Wald bei seiner richtigen Familie besser gefällt, soll er da bleiben. Ich werde versuchen, dann nicht so traurig zu sein. Onkel Sam hat ja gesagt, wenn er zurück möchte, findet er wieder zurück.« Shirley nickte und streichelte ihr übers Haar. »Mein tapferes kleines Mädchen.« Langsam fielen Anna die Augen zu. Sam saß mit Ben am Tisch und machte ein Spiel. Jetzt war auch er müde. Shirley brachte ihn ins Bett und deutete ihm, leise zu sein. Kurze Zeit später war auch er eingeschlafen.

Shirley setzte sich zu Sam an den Tisch. Sam räusperte sich, dann sagte er: »Wir müssen morgen heim, Shirley. Es ist sehr plötzlich kalt geworden. Du weißt, wenn es richtig schneit, sitzen wir hier fest. Am besten, wir gehen kein Risiko ein und fahren morgen.« Shirley schluckte. »Aber was wird aus Anna, Sam?« Sie musste ihn jetzt einfach fragen. »Sam«, Shirley schaute ihn entschlossen an, »könntest du dir vorstellen, dass Anna bei uns wohnt, ich meine, dass wir sie adoptieren?« Um Sams Mund zuckte es, eine ganze Weile schwieg er. Shirley fürchtete sich davor, er könnte Nein sagen, nein, es sei zu früh, an so etwas zu denken, so kurz nach Janes Tod. »Soll ich dir was sagen, Shirley«, begann Sam, »ich habe schon lange daran gedacht. Eigentlich schon, als Anna uns sagte, dass sie keine Eltern mehr hat und ihre Tante sie nicht haben will. Ich habe zwar gemerkt, wie gern du Anna hast, aber ich dachte, so etwas kann ich dich nicht fragen – so kurz nach Janes Tod. Aber wenn du glaubst, du könntest sie wie dein eigenes Kind lieben, bin ich glücklich. Vorausgesetzt, es gibt niemanden, der sie vermisst. Das müssten wir natürlich klären, wenn wir zurückfahren.« Shirley schluchzte auf vor Erleichterung und umarmte Sam stürmisch. »Sam, es ist zwar komisch, aber ich liebe sie jetzt schon, als wäre sie mein eigenes Kind. Jetzt kann ich mich auf die Heimfahrt freuen. Ich kann es kaum erwarten, es ihr zu sagen!« »Langsam«, sagte Sam, »wir wollen ihr keine Hoffnung machen, bevor wir nicht genau wissen, dass es geht. Ich würde sagen, wir laden sie für ein paar Tage zu uns ein und sagen ihr erst Bescheid, wenn wir genau wissen, dass es möglich ist.« »Du hast wie immer Recht«, lachte Shirley, »aber ich fühle in meinem Herzen, dass es klappt.«

Sorge um Anna 14.

Am nächsten Morgen wurde Shirley schon sehr früh durch lautes Husten geweckt. Anna saß im Bett und hustete unentwegt vor sich hin. Erschrocken stand Shirley auf und fühlte Anna die Stirn. Ihre Augen glänzten fiebrig und ihre Wangen glühten. »Mir ist so schlecht«, stöhnte Anna und sank auf ihr Kissen zurück. Leise, um die anderen nicht zu wecken, suchte Shirley nach der Medikamententasche. Wie gut, dachte Shirley, dass sie sie mitgenommen hatte. Sie zog eine Flasche Hustensaft hervor, den sie Anna verabreichte. »Gleich wird dein Husten besser«, sprach sie beruhigend auf Anna ein. »Aber du glühst ja, wir müssen unbedingt Fieber messen.« Sie steckte Anna das Fieberthermometer unter den Arm und zog es nach einigen Minuten wieder heraus. Shirley erschrak, das Thermometer zeigte 39 Grad an. Sie ging nach nebenan und holte Anna etwas zu trinken. Mit gierigen Zügen trank Anna das Glas leer. »Ist Petzi wieder da?«, fragte Anna mit traurigem Blick. Shirley schüttelte den Kopf. »Gestern ist er nicht mehr aufgetaucht, und heute war ich noch nicht vor der Tür, mein Kind. Es ist ja erst fünf Uhr.« »Würde es dir etwas ausmachen, nachzuschauen, Tante Shirley?«, fragte Anna mit gequältem Gesichtsausdruck. Shirley schüttelte den Kopf. »Ich geh und seh nach«, sagte sie und zog sich den Mantel über.

Als Shirley die Tür öffnete, schlug ihr eisige Kälte entgegen. Die Bäume waren mit glitzerndem Raureif bedeckt, die dünnen Äste bogen sich unter der Last. Shirley trat ein paar Schritte vor die Tür und sah sich um, von Petzi war keine Spur zu sehen. Leise rief sie seinen Namen, aber nichts rührte sich. Mit Schrecken stellte Shirley fest, dass wirklich der Winter mit Eile herannahte. Schnell schloss sie die Tür und ging wieder zu Anna. Shirley setzte sich an Annas Bett. »Und«, fragte Anna weinerlich, »hast du ihn gesehen?« »Nein Anna, leider nicht. Aber hast du dir eigentlich schon mal überlegt, was du mit ihm gemacht hättest, wenn wir hier wegfahren? Wir hätten ihn doch nicht mitnehmen können. Petzi braucht den Wald und seine Freiheit, er ist kein Haustier. Eigentlich ist es das Beste, was ihm passieren konnte, dass er einen Freund gefunden hat. Auch wenn es für dich nicht leicht ist, ihn hergeben zu müssen, meinst du nicht auch?« Anna fühlte sich furchtbar elend, sie hatte Halsschmerzen und alle Glieder taten ihr weh. »Ja, wahrscheinlich ist es wirklich das Beste für Petzi«, flüsterte sie. Der Husten hatte sich etwas gelegt und Anna fielen wieder die Augen zu. Shirley legte sich noch einmal ins Bett, mehr konnte sie im Moment nicht tun. An die Heimfahrt war wohl unter den Umständen nicht zu denken.

Ein paar Stunden später wurde auch Ben wach und kletterte aus seinem Bett. »Guten Morgen Mami, guten Morgen Paps!« Ben drückte Shirley einen dicken Kuss auf die Wange und sagte: »Ich zieh mich schnell an Mami, darf ich dann gleich mit Anna raus in unseren Wigwam?« »Daraus wird leider heute nichts, Ben«, antwortete Shirley. »Anna hat heute Nacht Fieber bekommen, sie ist ziemlich krank.

Nimm bitte deine Kleider und zieh dich nebenan ganz leise an.« Ben schaute enttäuscht auf Anna, gehorchte aber ohne Widerspruch. Auch Sam war inzwischen aufgestanden und sah besorgt zu Anna hinüber. »Sie hat also tatsächlich Fieber. Wie hoch ist es denn?« »Ziemlich hoch sogar: 39 Grad«, antwortete Shirley. »Ich weiß nicht, was wir machen können, ob sie die Strapazen der Fahrt ertragen kann. Die Straßen sind ja so holprig, dass es einem, wenn man gesund ist, sogar schon schlecht werden kann.« Sam schaute bedenklich drein, »aber hier hat sie nicht das Nötige, was sie braucht«, sagte er, »sie muss dringend zu einem Arzt.«

Anna drehte sich im Schlaf unruhig hin und her und stöhnte leise. Sam war vor die Tür gegangen, um nach dem Wetter zu sehen. Der Wald war weiß vom Raureif und die Luft eisig. »Auch das noch«, entfuhr es Sam. Seine Vermutung, dass der Winter vor der Tür stand, war also richtig. »Ich hab es schon gesehen, Sam, ich war heute Morgen um fünf Uhr schon mal draußen. Anna wollte, dass ich nachsehe, ob Petzi vielleicht vor der Tür ist.« Sam nickte. »Ich hoffe nur, dass es nicht schneit. Das Essen geht ja auch langsam zu Ende. Machst du mir bitte eine Tasse Kaffee, Shirley, ich geh dann gleich raus und besorg uns erst mal wieder Holz für den Ofen. Es ist kaum noch was da.« Shirley machte sich an die Arbeit und deckte den Tisch. »Anna braucht dringend ein paar Vitamine, Sam, und sie muss sehr viel trinken. Irgendwo hier in der Nähe wachsen doch Hagebutten, die haben sehr viel Vitamin C. Vielleicht findest du welche und könntest ein paar mitbringen? Davon kann ich Anna Tee kochen.« »Ich werde schauen, ob ich welche entdecke«, nickte Sam.

Nach dem Frühstück ging Sam los, Ben begleitete ihn. Beide waren warm angezogen, trotzdem fror Ben. »Das vergeht, wenn du dich erst mal bewegt hast«, sagte Sam. Ben trug eine Schüssel für die Hagebutten. »Wir suchen am besten erst mal nach den Hagebutten und danach können wir Holz holen«, entschied Sam. Ziemlich lang suchten beide den Waldrand ab, bis sie tatsächlich einen Hagebuttenstrauch fanden. Sie pflückten den halben Topf voll von den harten, gefrorenen Hagebutten. Dann traten sie den Rückweg an. »Schau mal, Ben, weißt du, was das für Bäume sind?«, fragte Sam. Ben schüttelte den Kopf. »Das sind Buchen und was da am Boden liegt, sind Bucheckern. Wahrscheinlich sind sie von dem starken Frost heruntergefallen. Sie schmecken so ähnlich wie Nüsse, da, probier mal.« Sam hatte eins der pelzigen Bällchen geknackt und hielt es Ben hin. Unter der Schale kamen zwei herzförmige kleine Nüsschen zum Vorschein. Ben langte zu. »Hm, Papa, die schmecken ja richtig gut. Davon bringen wir aber Mama und Anna welche mit, gell?« »Und ob wir das machen, Ben.« Sam war froh über alles, was sie an Essbarem fanden. Er wollte Ben nicht sagen, dass die Vorräte fast aufgebraucht waren. Er hoffte inständig, dass es möglich war, mit Anna heute noch zu fahren. Es konnte täglich schneien. »Da werden sich Mama und Anna aber freuen, Papa. Kann ich heute Mittag mit Anna in unserer Hütte spielen?« »Das geht leider nicht, Ben, Anna hat Fieber und es wird eine Weile dauern, bis sie wieder draußen spielen kann.« Sam verschwieg noch, dass sie vielleicht schon heute heimfahren würden. Er wollte nicht, dass Anna durch Bens Fragen beunruhigt wurde. »Schade.« Ben zog ein langes Gesicht. Die beiden trugen ihren Fund nach Hause und gingen dann noch einmal los, um Äste für den Ofen zu holen.

Shirley saß bei Anna am Bett und kühlte ihr die Stirn. Sie machte sich große Sorgen. Das Fieber war sogar noch etwas gestiegen. Und sobald Anna versuchte aufzustehen, musste sie sich übergeben. Es war total unmöglich, heute noch mit ihr zurückzufahren. Shirley hätte Anna so gern erzählt, dass sie bald für immer bei ihnen bleiben durfte, aber das konnte sie leider noch nicht, solange nicht alles geregelt war. Außerdem wollte sie Anna in ihrem Zustand nicht noch aufregen. Also vermied sie das Thema Heimreise ganz. Shirley schaute aus dem Fenster, draußen blies ein kalter Wind. Blätter flogen durch die Luft und der Wind pfiff durch alle Ritzen der kleinen Hütte. Der Ofen glimmte kaum noch, es war ungemütlich kalt geworden. Shirley versuchte, mit zusammengeknülltem Papier und allem, was sie an Brauchbarem fand, notdürftig die Ritzen auszustopfen.

Mit fiebrig glänzenden Augen lag Anna in ihrem Kissen. »Tante Shirley, könntest du mir ein Lied singen?«, bat sie plötzlich. »Was für ein Lied möchtest du hören, Kleines?« Shirley strich ihr liebevoll über die Wange. »Kennst du das Lied ›Weil ich Jesu Schäflein bin‹?«, fragte Anna mit bittendem Blick. Shirley nickte. Sie schluckte, wie oft hatte sie ihren Kindern dieses Lied abends vor dem Schlafengehen gesungen. »Weil ich Jesu Schäflein bin«, begann sie, »freue ich mich immerhin; über meinen guten Hirten, der mich wohl weiß zu bewirten, der mich liebt, der mich kennt und bei meinem Namen nennt.« Eine Strophe nach der anderen sang Shirley, bis Anna die Augen zufielen. Am Anfang hatte sie noch leise mitgesungen, doch nach ein paar Minuten konnte sie die Augen nicht mehr offen halten. Sie lag entspannt da und schlief fest. »Bald bist du wieder gesund«, flüsterte Shirley zärtlich und strich ihr vorsichtig übers Haar, dann ging sie auf Zehenspitzen hinaus und schloss leise die Tür.

Shirley begann den Tisch zu decken. Es wurde Zeit, ans Mittagessen zu denken. Es war schon fast Nachmittag. Wo blieben die beiden nur so lange? »Was soll ich zu essen machen?«, überlegte Shirley. Die Vorräte waren fast aufgebraucht. Sie entschied sich dafür, Pfannkuchen zu backen. Eier und richtige Milch waren zwar nicht mehr da, aber mit Kondensmilch musste es auch gehen. Zwei Äpfel waren noch da, die mischte Shirley unter den Teig, den sie aus Mehl, Haferflocken und Zucker bereitet hatte. Nur die Hitze im Ofen reichte nicht mehr zum Backen. Es blieb ihr also nichts anderes übrig, als zu warten, bis Sam und Ben mit dem Holz kamen.

Kaum hatte Shirley den Tisch gedeckt, ging die Tür auf und die beiden kamen mit rot glühenden Wangen herein. »Mami, schau mal, was wir gefunden haben«, strahlte Ben stolz und zeigte Shirley das Eimerchen mit den Hagebutten und den Bucheckern. »Oh, Bucheckern! Wo habt ihr die gefunden?«, rief Shirley aus. »Da wart ihr ja richtig fleißig!« Ben nickte eifrig mit dem Kopf. »Ja, erst haben wir die Bucheckern und die Hagebutten gefunden und vor der Tür abgestellt und danach waren wir gleich Holz holen«, strahlte er stolz. »Draußen liegt so ein großer Berg Holz, Mami«, erklärte Ben mit gewichtiger Handbewegung. »Hier ist es aber nicht gerade warm«, stellte Sam fest und holte schnell Holz für den Ofen. »Ja«, sagte Shirley, »zum Pfannkuchenbacken hat die Wärme leider nicht mehr ausgereicht.« Kurze Zeit später prasselte es wieder munter im Ofen. Shirley tat Fett in die Pfanne und bald war die Hütte vom Duft der knusprigen Pfannkuchen erfüllt.

»Was macht unsere Patientin?«, fragte Sam. »Sie ist vor kurzem eingeschlafen, aber heute Vormittag hat sie sich einige Male übergeben müssen und das Fieber ist sogar noch ein bisschen gestiegen.« Sam seufzte tief. »Unter den Umständen können wir natürlich nicht nach Hause fahren. Und wenn es bis morgen nicht besser ist, muss ich versuchen, einen Arzt zu holen.« »Wir wollen hoffen, dass es ihr bis morgen besser geht«, sagte Shirley besorgt. Vorsichtig öffnete sie die Tür zum Schlafraum, um nach Anna zu sehen. Anna schlief noch immer, wenn auch ziemlich unruhig. Shirley zog die Tür wieder zu. »Wir lassen sie am besten schlafen, vielleicht kann sie später doch ein paar Bissen essen.« Ben war auf einmal recht still geworden. »Ist Anna sehr krank?«, fragte er auf einmal. »Muss sie vielleicht sterben?« Ben würgte mühsam seine aufsteigenden Tränen hinunter. »Aber nein.« Shirley nahm ihren Sohn liebevoll in den Arm. »Anna hat nur eine kräftige Erkältung mit Fieber, aber davon stirbt man nicht gleich«, erklärte Shirley ihm. Ben atmete erleichtert auf. »Dann möchte ich jetzt einen Pfannkuchen essen, ich habe nämlich Hunger wie ein Bär«, rief er aus. Shirley und Sam lachten. »Na, dann wasch dir erst mal da hinten im Eimer die Hände und setz dich an den Tisch.« Wie der Blitz gehorchte Ben, die frische Luft hatte ihn ordentlich hungrig gemacht. Bald darauf saßen die drei am Tisch, dankten für das köstliche Essen und ließen es sich schmecken. Ben plauderte munter drauflos und erzählte, was sie alles gesehen hatten. Sam musste ihn ein paar Mal ermahnen, wegen Anna leiser zu sprechen. Draußen fegte ein heftiger Wind um die Hütte. In der Hütte wurde es langsam wieder gemütlich warm. Das Zustopfen der Ritzen hatte einiges geholfen. Es begann schon langsam dämmrig zu werden.

»Tante Shirley!«, rief von nebenan ein klägliches Stimmchen. Shirley sprang auf und eilte zu Anna. »Ich habe solchen Durst!«, sagte Anna. »Ich hab einen guten Tee für dich gemacht, Kind. Onkel Sam und Ben haben Hagebutten für dich mitgebracht.« Shirley brachte ihr den Tee und Anna trank ihn mit hastigen Zügen. »Das war gut«, sagte sie dankbar. »Wie lang hab ich geschlafen?« »Ganz schön lange, wir haben schon gegessen und für dich sind auch noch leckere Pfannkuchen da.« »Pfannkuchen, hmmmm, die ess ich doch so gerne, aber ich weiß nicht, ob ich heute welche essen kann.« »Wir probieren es einfach mal, ja?« Shirley machte einen Pfannkuchen zurecht und brachte ihn Anna. Doch schon nach dem ersten Bissen wurde es Anna übel. »Ich kann nicht«, jammerte sie, »sonst muss ich wieder erbrechen.« »Ist ja gut, Kind, meinst du, du könntest eine Haferflockensuppe essen?«, fragte Shirley. Anna schüttelte den Kopf. Shirley holte das Fieberthermometer, es zeigte wie vorher 39,3 Grad an. Sam und Ben setzten sich zu Anna ans Bett, während Shirley ihr Wadenwickel machte. Langsam nahm ihre Sorge um Anna zu. Was sollten sie tun, wenn das Fieber heute Nacht noch mehr stieg? Sam saß an Annas Bett und hielt ihre Hand. Er strahlte trotz allem Ruhe aus, das half auch Shirley, wieder ruhiger zu werden.

Plötzlich hoben alle die Köpfe und lauschten. Der Himmel war auf einmal mit lautem, melodischem Schreien erfüllt. Mehrere Minuten hörte man nichts anderes als lautes Schreien und Flügelschlagen am Himmel. »Was war das?«, fragte Ben verdutzt, als das Geräusch langsam abnahm. »Das war genau das, wovon ich euch am Lagerfeuer erzählt habe. Das waren Schneegänse. Sie merken, dass es Winter wird, und ziehen Richtung Süden. Das heißt auch für uns, so schnell wie möglich nach Hause fahren!« Jetzt war es ausgesprochen. »Nach Hause!?« Mit weit aufgerissenen Augen schrie Anna es heraus. »Wo soll ich dann hin?«, begann sie zu schluchzen. Schnell nahm Shirley sie in den Arm und warf ihrem Mann einen bittenden Blick zu. »Also Anna«, begann Sam, »du musst dir darüber keine Gedanken machen. Du kommst erst mal mit zu uns und später sehen wir weiter.« Annas Gesicht entspannte sich ein wenig. »Ich darf wirklich mit zu euch?«, fragte sie ungläubig. Onkel Sam und Tante Shirley nickten lächelnd. Anna liefen vor Freude und Erleichterung die Tränen herunter. Sie durfte mit den Marschalls nach Hause; und was danach kam, darüber wollte sie sich jetzt noch keine Gedanken machen. Doch mit einem Mal schlich sich ein Gedanke in ihr Herz: Wie würden Tante Shirley und Onkel Sam reagieren, wenn sie erfahren würden, dass sie gelogen hatte, dass sie aus dem Waisenhaus weggelaufen war? Ihr kleines Herz schnürte sich vor Angst zusammen. Hätte sie doch gleich die ganze Wahrheit gesagt, aber dann hätten sie die Marschalls ja sofort zurückbringen müssen. Plötzlich stand ihr auch vor Augen, wie sie die nette Familie im Zug belogen hatte. Und im Waisenhaus schon Frau Dexter. Wie schlecht und böse war sie doch, sie war nicht die, für die die Marschalls sie hielten. Anna drehte sich um, damit niemand die aufsteigenden Tränen sah.

Es war spät geworden; auch Ben krabbelte in sein Bett. Anna fiel immer wieder in einen unruhigen Schlaf. Shirley und Sam unterhielten sich flüsternd beim Schein der Petroleumlampe. Sie ahnten nicht, welche Kämpfe Anna durchlitt. Dann wurde es auch für Shirley und Sam Zeit, zu Bett zu gehen, um wenigstens etwas zu schlafen. Das Fieber war durch die Wadenwickel bei Anna wenigstens etwas gesunken. Lange lag Shirley da und lauschte auf jeden Atemzug von Anna. Von Zeit zu Zeit wälzte Anna sich unruhig hin und her und redete im Schlaf. Doch irgendwann fielen auch Shirley die Augen zu.

Sie fuhr gegen vier Uhr nachts erschrocken in ihrem Bett hoch, als sie Anna laut erzählen und weinen hörte. Mit einem Satz war Shirley aus dem Bett und bei Anna. Sie zündete die Petroleumlampe an, um etwas zu sehen, und griff nach Annas Stirn. Der Schreck fuhr Shirley in alle Glieder. Anna glühte förmlich, redete wirr und jammerte gequält vor sich hin. Hastig steckte Shirley ihr das Fieberthermometer unter den Arm. Als sie es nach ein paar Minuten herauszog, zeigte es zu ihrem Entsetzen fast 41 Grad an. Shirley geriet in Panik. »Muss Anna vielleicht sterben?«, klangen ihr Bens Worte in den Ohren. Jetzt schnürte auch ihr die Angst um Annas Leben fast die Luft ab. »Bitte Herr Jesus, hilf ihr doch!«, flehte sie inbrünstig, »lass sie bitte nicht sterben!« Shirley ging zu Sam ans Bett und rüttelte ihn. Mit hastigen Sätzen erzählte sie ihm, was los war. Sam sprang auf, um etwas zu trinken zu holen, und versuchte es Anna einzuflößen. Doch es gelang kaum, immer wieder warf sie den Kopf hin und her, redete wirr und schrie zwischendurch auf. Shirley zerdrückte eine fiebersenkende Tablette und versuchte, ihr diese mit dem Tee zu geben. Aber es gelang ihnen kaum, Anna etwas davon zu verabreichen. Shirley machte sich die größten Vorwürfe. »Warum habe ich ihr vor dem Schlafen keine Tablette mehr gegeben? Das Fieber war durch die Wadenwickel etwas gesunken und ich dachte, die Krankheit ist schneller überstanden, wenn sie nicht mit Tabletten unterdrückt wird.« »Es hilft jetzt auch nichts, wenn du dir Vorwürfe machst«, sagte Sam. »Tun wir, was wir jetzt tun können.« Sam nahm ihr das warme Bett herunter und ersetzte es durch ein dünnes Laken. Er kühlte Anna unablässig das Gesicht, während Shirley ihr immer wieder neue Wadenwickel machte. »Sobald es etwas heller wird, gehe ich los und versuche einen Arzt zu holen«, sagte Sam.

Erst jetzt wurde ihnen bewusst, was für ein Sturm um die Hütte fegte. Es klang, als würde die kleine Hütte weggerissen. Sam stand auf und ging zur Tür, um nach draußen zu sehen. Er musste sich mit aller Gewalt gegen die Tür stemmen. »Oh nein, nur das nicht!«, entfuhr es ihm. Draußen tobte ein Schneesturm und das sicher schon ziemlich lange. Der Schnee hatte fast die ganze Eingangstür zugeweht. Mit viel Mühe schaffte es Sam, sich durch einen Spalt hindurch zu zwängen. Aber draußen sah es nicht besser aus. Sam versank bis über die Knie im Schnee. Er ging zurück in die Hütte, klopfte sich den Schnee herunter und ging schweren Herzens zurück zu Shirley. Es fiel ihm so schwer, es ihr zu sagen. »Shirley, man kann zur Zeit nicht von hier wegkommen, draußen tobt ein furchtbarer Blizzard, einer von den schlimmen Schneestürmen hier in der Gegend. Ich bin bis über die Knie im Schnee versunken.« »Nein!«, schrie Shirley voller Qual auf, »ich habe erst ein Kind verloren, nicht noch dieses Kind – mein Gott, warum? Bitte hilf ihr doch!« Sam nahm sie in den Arm. »Shirley, alles was passiert, muss an Gott vorbei. Er macht keine Fehler und er wird uns irgendwie helfen, das weiß ich!« Sam sah sie entschlossen an und wieder strahlte er trotz der ausweglosen Situation diese Ruhe aus. »Komm Shirley, wir wollen jetzt das Wichtigste tun, was wir tun können. Wir legen Gott unsere ganze Not im Gebet hin.« Zusammen gingen sie auf die Knie und sagten Gott die ganze Not und ihre Angst um Anna. Als sie aufstanden, war auch in Shirleys Herzen, obwohl sich nichts geändert hatte, Ruhe eingekehrt. Shirley saß an Annas Bett, während die Stunden verrannen. Von Zeit zu Zeit erneuerte sie die Wadenwickel und gab Anna ein paar Schlucke Tee. Aber die Situation schien sich nicht zu ändern. Das Fieber sank nicht das kleinste bisschen. Shirley wusste, dass Gott ihr Gebet erhört hatte. Er kannte die ganze Situation. Aber warum wurde es nicht besser mit Anna? War es möglich, dass es Gottes Wille war, dass sie auch dieses Kind verloren, dass Gott es zu sich nehmen wollte? Der Magen schnürte sich Shirley bei diesem Gedanken zusammen. Alles in ihr bäumte sich dagegen auf. Ihr wurde schmerzlich bewusst, dass sie Anna tatsächlich liebte, wie ein eigenes Kind.

Sam hatte in der Küche Kaffee gemacht und den Tisch gedeckt. »Soll ich dir etwas zu essen bringen?«, erklang seine Stimme direkt hinter ihr. Shirley schüttelte den Kopf, wie konnte sie jetzt an Essen denken? »Du brauchst Kraft, damit du nicht selbst krank wirst. Iss etwas, Liebes. Anna zuliebe.« Sam wartete keine Antwort mehr ab und machte ihr in der Küche eine Kleinigkeit zurecht. Mit dem Teller und einer Tasse Kaffee kam er wieder und stellte es auf dem Nachttisch ab. »Danke«, würgte Shirley hervor. Sie zwang sich, einen Zwieback zu essen und etwas Kaffee zu trinken. »Ist das Fieber immer noch nicht gesunken?«, fragte Sam. »Nein«, schluchzte Shirley auf. »Und ich weiß nicht warum, die Wadenwickel scheinen einfach gar nichts zu bewirken. Wie lang soll ihr Herz das noch durchstehen?« Verzweifelt sah sie zu Sam auf. »Wir wissen nicht, auf welche Weise Gott eingreift, Shirley. Vielleicht prüft er einfach unseren Glauben, ob ich auf den Schnee sehe oder ihm zutraue, mit seiner Hilfe trotzdem hier wegzukommen und einen Arzt zu holen. Schau, der Sturm hat sich schon etwas gelegt.« Draußen wurde es langsam hell. Strahlend hell lag der Schnee über der Wiese und hatte sich wie eine Mauer vor der Hütte aufgetürmt. Die Tannen bogen sich unter der Last der Schneemassen. Der Sturm ließ tatsächlich immer mehr nach und die Flocken fielen nicht mehr so dicht vom Himmel. »Ich werde es versuchen«, sagte Sam entschieden. »Mach dir bitte keine Gedanken um mich, wenn es länger dauern sollte, bis ich zurück bin. Ich komme, so schnell es geht, wieder!« Sam hob ihr Kinn etwas an und küsste ihr die Tränen von der Wange. Shirley nickte, sie hatte zwar auch Angst, Sam bei dem hohen Schnee losgehen zu lassen, aber was hatte sie sonst für eine Wahl? Sam zog sich seine halbhohen Stiefel an, zog noch einen Pullover über und steckte seine Handschuhe ein. Er staunte nicht schlecht, an was seine Frau beim Packen alles gedacht hatte. Sie hatte doch nicht ahnen können, dass sie solange hier bleiben würden und es sogar Schnee gab. Sam füllte sich die alte Feldflasche mit Tee und packte sich etwas zum Essen in den Rucksack. Er nahm eine kleine Schaufel mit, die zum Reinigen des Ofens benutzt wurde. Dann hängte er sich das Gewehr um, steckte noch einige Patronen ein und machte sich auf den Weg.

15
Der Rettungsversuch

Es war inzwischen halb acht. Ben hatte von alldem nichts mitbekommen, er schlief immer noch fest. Ohne ihren Mann war es noch schwerer für Shirley, die Situation zu ertragen. Shirley machte sich ein paar Minuten in der Küche zu schaffen, um nicht ständig nachdenken zu müssen.

Mühsam hatte sich Sam durch die Eingangstür gearbeitet. Ein kalter Wind schlug ihm entgegen. Die Hütte sah aus wie ein Knusperhäuschen mit einer dicken Puderzuckerschicht. Nur um den Schornstein herum war der Schnee etwas abgetaut. Sam schaufelte schnell den gröbsten Schnee vor der Tür zur Seite, so dass es wenigstens möglich war, ungehindert nach draußen zu kommen. Dann machte er sich auf den Weg. Der Schnee ging ihm stellenweise fast bis zum Oberschenkel. Eigentlich, wenn er auf die Umstände schaute, war sein Vorhaben ziemlich sinnlos. Und doch arbeitete sich Sam Meter für Meter vorwärts. Es war ziemlich schwierig, beim Laufen gleichzeitig noch das Gewehr nach oben zu halten. Nur unter großer Anstrengung gelang es Sam, die Füße immer wieder aus dem Schnee herauszuziehen. Der Weg, wo das Auto stand, lag ja im Wald und war zum größten Teil von den Bäumen geschützt. Vielleicht lag der Schnee dort nicht so hoch. Aber wie die Straße aussah, wenn er aus dem Wald draußen war, wusste Sam natürlich nicht. Auch Sam machte sich, wenn er ehrlich war, ziemliche Gedanken um Anna. Welcher Körper konnte schon über einen längeren Zeitraum 41 Grad Fieber aushalten und Anna war sowieso ziemlich zart. Unentwegt schrie sein Herz zu Gott um Hilfe.

Mittlerweile hatte Sam mühsam den Waldrand erreicht. Sam atmete auf. Im Wald lag der Schnee nicht allzu hoch. Etliche Bäume waren durch die Schneelasten umgestürzt. Das raubte ihm eine Menge Zeit, weil er dadurch immer wieder Umwege gehen musste. Sam hoffte inständig, dass ihm auf seinem Weg kein Bär begegnen würde. Ein Schuss aus dem Gewehr würde ihn zwar sicher vertreiben, aber Shirley würde es hören und in Panik geraten. Verschreckte Rehe kreuzten seinen Weg und Eichhörnchen sprangen Futter suchend umher. Wäre der Grund seiner Wanderung nicht ein so trauriger, Sam hätte es sicher genossen. Erschöpft setzte er sich auf einen Baumstamm, um etwas zu verschnaufen. Er nahm einige Schlucke Tee aus seiner Feldflasche und sog tief die würzige, kalte Luft ein. Plötzlich sah Sam ein Tier, das er hier noch nie zu Gesicht bekommen hatte. Graziös und scheinbar ohne Scheu näherte sich eine Riesenkatze. Der Schein einiger Sonnenstrahlen, die durch den Wald brachen, ließen ihr Fell fast silbrig glänzen. Mit wiegendem, elastischem Schritt näherte sich das Tier. Es schien ihn nicht zu bemerken. Jetzt konnte Sam sogar die Maserung des graubraunen Fells und die kleinen schwarzen Büschel an den Ohren erkennen. Es war ein Luchs. Eines der Tiere, das man hier wegen seiner Scheu nur sehr selten zu

Gesicht bekam. Wahrscheinlich suchte er nach Beute. Nach Schneehasen oder Schneehühnern, dem Leibgericht des Luchses im Winter. Noch einige Sekunden konnte Sam das schöne Tier beobachten, dann verschwand der Luchs urplötzlich, wie er gekommen war, im Dickicht des Waldes. Sam stand auf und lief weiter. Er schaute auf die Uhr, eine Stunde war er jetzt schon unterwegs, auf einem Weg, für den er sonst etwa zehn Minuten brauchte. Kurze Zeit später hatte Sam den Weg erreicht. Er stapfte die letzten Meter bis zu seinem Wagen. Der Schnee lag zwar auch hier ziemlich hoch, doch die Lage schien nicht ganz aussichtslos zu sein. Die Reifen des Geländewagens hatten ein sehr grobes Profil. Sam setzte sich in den Wagen und ließ ihn an. Dann gab er vorsichtig Gas, doch die Reifen drehten immer wieder durch. Er stieg aus und schaufelte rings um die Reifen den Schnee weg. Aufs Neue versuchte er, den Wagen in Gang zu bringen. Diesmal gelang es. Sams Herz tat einen Freudensprung. Im Schritttempo rollte der Wagen über den Schnee, der unter den Reifen knirschte. Immer wieder musste Sam ausweichen, damit er in keiner Schneeverwehung landete. Nur sehr langsam kam er vorwärts. Bis zur nächsten Ortschaft fuhr man normalerweise eine halbe Stunde. Heute würde es natürlich entsprechend länger dauern. Sam hoffte nur, dort einen Arzt anzutreffen. Zu spät bemerkte Sam, dass der Wald sich zu lichten begann und auch der Schnee immer höher wurde. Auf einmal gab es einen Ruck und er steckte fest. »Oh nein!«, stöhnte Sam auf und sprang aus dem Wagen. Das Auto saß im tiefen Schnee fest. Jetzt fiel Sam auf, dass der Schnee hier viel höher war als dort, wo er losgefahren war. Der Schnee lag überall so hoch, dass ein Durchkommen unmöglich war. Es gab nur eines: den Wagen so schnell wie möglich frei zu schaufeln und zurückzufahren. Fieberhaft versuchte Sam, sein Auto frei zu schaufeln. Wieder und wieder versuchte er, rückwärts zu fahren, doch die Räder drehten bei jedem neuen Versuch durch. Sam merkte, wie die Zeit unbarmherzig weiterlief und er saß hier fest.

Jesus vergibt und heilt

Shirley wusste von all dem nichts. Sie sah auf die Uhr. Es war schon nach elf Uhr. Da Sam nicht zurückgekommen war, nahm sie an, dass er es mit dem Auto geschafft hatte. Ob er wohl schon einen Arzt gefunden hatte? Es war ja gar nicht so selbstverständlich, dass der Arzt bereit war, mit hierher zu kommen. Anna ging es unverändert schlecht. Shirley konnte jetzt nur noch darauf hoffen, dass Sam mit dem Arzt so bald wie möglich eintraf. Sie hatte es aufgegeben, Anna Wadenwickel zu machen. Es half einfach nichts. Ungefähr vor einer Stunde hatte sie Anna mit viel Mühe eine zerstoßene Tablette eingeflößt, aber auch sie schien nicht zu wirken. Shirley hatte die ganze Zeit verzweifelt versucht, sich zusammenzureißen und Ben nichts von ihrer Angst um Anna spüren zu lassen. Aber jetzt konnte sie einfach nicht mehr. Sie setzte sich an den Küchentisch und schluchzte haltlos vor sich hin. »Oh Gott«, stöhnte Shirley voller Schmerz auf, »ich habe doch schon Jane hergeben müssen!« »Mami, Mami, warum weinst du denn?« Ben schlang seine kleinen Ärmchen um ihren Hals. Auch er war jetzt den Tränen nahe. »Es ist schon gut, Ben«, sagte Shirley ausweichend, »ich fühle mich heute nicht so gut.« Sie versuchte mühsam, sich zusammenzunehmen. Sie wollte nicht auch noch Ben beunruhigen. Plötzlich hörte sie Anna nebenan laut und aufgeregt reden. Shirley wischte sich die Tränen ab und eilte zu Anna. Anna saß im Bett und redete mit gequälter

Stimme vor sich hin. Shirley sprach sie an, aber Anna reagierte nicht darauf. Sie sah aus wie ein Schlafwandler. Auf einmal lauschte Shirley gespannt: Was war das, was Anna da immer wiederholte? Da, schon wieder: »Ich hab gelogen, ich bin weggelaufen aus dem Waisenhaus, das Brot war gar nicht für die Enten.« Langsam wurde Shirley klar, was Anna so belastete. Anna war gar nicht von ihrer Tante vor die Tür gesetzt worden, sie war aus dem Waisenhaus weggelaufen. Sie hatte Angst gehabt, dahin zurück zu müssen, deshalb hatte sie die Geschichte mit der Tante erfunden. »Oh du armes Kind!«, stieß Shirley hervor, »das ist es, was dich so belastet.« Shirley nahm Anna vorsichtig in den Arm; sie wusste nicht, ob Anna wach war oder im Schlaf geredet hatte. Anna ließ sich kraftlos in ihre Arme sinken und schluchzte auf, als hätte sie verstanden. Plötzlich wusste Shirley, was zu tun war. »Anna, hörst du mich?«, fragte sie. »Ja«, kam es über Annas Lippen und ihre Augen suchten Shirley. »Anna, hör mir gut zu: Du bist aus dem Waisenhaus weggelaufen, ja?« Anna schluchzte erneut auf, würgte aber ein deutliches »Ja« hervor. »Ich hab euch angelogen«, stöhnte sie. »Anna, hör gut zu, was ich dir sage: Jesus sagt, wenn wir unsere Sünden bekennen und sie uns Leid tun, dann vergibt er uns alle unsere Sünden und wäscht uns mit seinem Blut rein von aller Schuld.« Eine ganze Zeit lang sah Anna Shirley ungläubig an, als könnte sie es nicht fassen, was hier gesagt wurde. »Weißt du was, Anna, wir beten jetzt zusammen und bitten den Herrn Jesus um Vergebung für alles, was du Verkehrtes getan hast.« Shirley kniete an Annas Bett nieder und legte Jesus im Gebet alle

Schuld hin und bat ihn, Anna zu vergeben und mit seinem Blut rein zu waschen. Auch Anna hatte die Augen geschlossen und betete inbrünstig mit. Als Shirley »Amen« gesagt hatte und aufblickte, sah sie, dass ein Lächeln auf Annas Gesicht lag. »Er hat mir vergeben!«, flüsterte sie und schlief ein. Anna schlief tief und fest, nicht voller Unruhe wie bisher; und Shirley meinte, als sie ihr die Stirn fühlte, dass sich Anna nicht mehr so heiß anfühlte.

Plötzlich ging die Tür auf. Das musste Sam mit dem Arzt sein. Shirley ging nach nebenan. Da stand Sam, alleine, er sah sehr erschöpft aus. Shirley fiel ihm in die Arme. Sam erzählte ihr alles, was sich ereignet hatte, dass es leider unmöglich war, Hilfe zu holen. Sam sah Shirley an. Er wunderte sich, dass sie gar nicht mehr verzweifelt wirkte. »Anna schläft tief und fest«, lächelte Shirley und erzählte Sam alles, was sich in der letzten Stunde abgespielt hatte. »Ich glaube, es geht jetzt aufwärts mit ihr. Ich denke, sie hat das Schlimmste überstanden«, sagte Shirley zuversichtlich. Sam ging an Annas Bett, sie machte tatsächlich einen friedlichen Eindruck und atmete gleichmäßig. Er konnte nur staunen, was sich in seiner Abwesenheit alles ereignet hatte. So, da war Anna also aus dem Waisenhaus weggelaufen. Das hieß aber gleichzeitig, dass niemand Anna haben wollte. So waren ihre Chancen, Anna zu adoptieren, eigentlich noch größer.

Ben hatte sich die ganze Zeit über mucksmäuschenstill und wirklich vorbildlich verhalten. Er hatte gespürt, wie wichtig alles war. Jetzt aber begann er, aufgeregt Fragen zu stellen. Shirley versuchte, sie ihm – so gut es ging – zu beantworten. Sam zog die nasse Kleidung aus und Shirley machte ihm schnell einen heißen Kaffee und legte Holz im Ofen nach. Dann öffnete sie die letzte Konservendose mit Erbseneintopf. »Vielleicht kann Anna ja später etwas Haferschleim essen«, sagte Shirley. Nach dem Essen musste Sam sich erst mal etwas hinlegen, das Schneeschaufeln und der Marsch durch den tiefen Schnee hatten ihn ziemlich angestrengt. Auch Shirley war von den Anspannungen der letzten Stunden total erschöpft. Auch sie legte sich eine Zeit lang hin. Ben spielte unterdessen in der Wohnstube allein mit seinen Plastikindianern, die er mitgenommen hatte.

Shirley war tatsächlich etwas eingeschlafen und erwachte davon, dass Anna und Ben sich munter unterhielten. Es war nicht zu fassen! Anna saß in ihrem Bett und Ben erzählte ihr aufgeregt, wie das Haus, in dem sie wohnten, aussah. Von seinem riesigen Kinderzimmer, dem riesigen Garten und allem, was es sonst zu Hause noch gab. Dabei übertrieb er allerdings maßlos und Shirley konnte sich das Lachen kaum verkneifen. Wie glücklich war sie, die beiden so fröhlich zusammen zu sehen. Sie stand auf und ging an Annas Bett. »Na, kleine Patientin, dir scheint es ja besser zu gehen?!« Anna nickte. »Ich bin ganz gesund«, strahlte sie Shirley an. »Es hat mir so geholfen, als du mit mir gebetet hast, und ich weiß jetzt, dass Jesus mir alles vergeben hat. Auch wo ich euch angelogen habe. Aber es tut mir trotzdem so Leid, dass ich euch nicht gleich die Wahrheit gesagt habe.

Bitte entschuldige, Tante Shirley!« Shirley setzte sich an Annas Bett und schloss Anna in die Arme. »Ich verzeih dir«, sagte sie und gab Anna einen Kuss auf die Wange. Anna strahlte. »Und ich darf trotzdem erst mal mit zu euch nach Hause fahren?«, fragte sie vorsichtig. »Ja, das darfst du«, sagte Shirley. »Nur müssen wir natürlich sofort das Kinderheim verständigen, dass du bei uns bist. Sie werden sich schon große Sorgen um dich gemacht haben.« Anna nickte schuldbewusst. Auch Sam war inzwischen aufgestanden. Anna entschuldigte sich auch bei ihm für alles. Shirley steckte Anna das Fieberthermometer unter den Arm und machte inzwischen in der Küche etwas zu essen. Anna hatte nämlich tatsächlich Hunger. Als Shirley mit dem Haferflockenbrei kam, schwenkte Sam schon strahlend das Thermometer in der Hand. Es zeigte kaum mehr als 38 Grad an. »Das ist ja wunderbar«, jubelte Shirley. Sie stellte Anna den Brei neben das Bett und Anna faltete ohne Aufforderung die Hände und dankte Jesus, dass er sie gesund gemacht hatte und sie mit den Marschalls nach Hause fahren durfte und für das gute Essen. Dann ließ sie es sich schmecken. Sie verputzte den ganzen Teller mit Brei. »Darf ich jetzt mit Anna raus, im Schnee spielen?«, fragte Ben ungeduldig. Er hatte schon so lange auf seine große Spielkameradin warten müssen und brannte jetzt darauf, ihr den Schnee zu zeigen. Sam fuhr ihm lachend über den blonden Schopf. »Du willst doch nicht, dass Anna gleich wieder Fieber bekommt, oder? So schnell kann sie noch nicht raus. Aber ihr zwei könnt ja, während Anna im Bett liegt, schon mal beraten, was ihr zu Hause spielen wollt.« »Au ja«, riefen die beiden begeistert wie aus einem Mund. Doch Anna musste unbedingt erst mal ans Fenster gehen. Sie schaute staunend auf die Schneemassen vor der Hütte. »War ich so lange krank, dass schon Schnee liegt?«, fragte sie erstaunt. »So lange warst du gar nicht krank, gestern lag hier noch kein Schnee. Es war ein kräftiger Schneesturm gestern Nacht, aber du hattest so hohes Fieber, dass du von all dem nichts mitbekommen hast.« Anna fand es herrlich, sie durfte mit den Marschalls wie in einer richtigen Familie gemütlich in der warmen Hütte sein und in ihrem Bett liegen, während es draußen schneite und aussah wie im Wintermärchen. So etwas hatte sie sich schon immer gewünscht. Es wurde noch ein sehr schöner Abend. Anna fühlte sich immer besser, wenn sie auch natürlich noch schwach war. Das Fieber verschwand im Laufe des Abends ganz. Shirley packte schon so weit wie möglich die Sachen für die Heimreise zusammen. Sie hofften sehr, dass der Schnee nicht allzu lange liegen blieb. Später saßen alle gemütlich beieinander und erzählten und erzählten. Anna erzählte auch davon, wie traurig sie im Kinderheim gewesen war und wie sehr sie sich eine neue Mama und vielleicht sogar einen neuen Papa gewünscht hatte. Sam und Shirley sahen sich mit feuchten Augen dabei an. Was für ein Wunder war es doch, dass dieses Kind ihre Hütte gefunden hatte.

Zurück nach Hause

17.

Am nächsten Morgen stand Ben schon am Fenster, als Anna erwachte. Alle hatten nach den Anstrengungen lange geschlafen. »Mami, schau nur«, rief er enttäuscht aus, »fast der ganze Schnee ist weggeschmolzen!« »Tatsächlich«, staunte Shirley. Auf der Wiese lagen noch vereinzelte Schneehaufen, aber sonst war von den Schneemassen des Vortags kaum noch was zu sehen. Auf der Wiese hatten sich große Pfützen gebildet. Der Boden konnte das Wasser gar nicht so schnell aufnehmen, wie der Schnee dahinschmolz. Als Shirley das Fenster öffnete, kam ihr ein richtig warmer Wind entgegen. Gestern war es noch eisig kalt und heute ist es warm, wie im Frühling, wunderte sie sich. Die Sonne stand schon am Himmel und strengte sich an, die Wassermassen zum Verdampfen zu bringen. Auch Sam staunte über den Wetterumschwung, als er erwachte. »Das haben wir hier noch nicht erlebt«, sagte er. »Das war ein warmer Wüstenwind, der den Schnee so schnell zum Schmelzen gebracht hat.«

Anna fühlte sich recht gut, wenn auch natürlich noch etwas schwach. Sam und Shirley beschlossen erst am nächsten Tag zu fahren. Der Boden war derart aufgeweicht und alles stand unter Wasser, so dass es besser war, noch einen Tag zu warten. Aber sie konnten nur staunen, wie Gott für sie sorgte, dass er den Schnee so schnell hatte schmelzen lassen. Den letzten Tag vertrieben sie sich mit Packen, Spiele machen und Erzählen. Anna blieb die meiste Zeit noch im Bett. Zum Essen gab es den ganzen Tag nur so etwas Ähnliches wie Pfannkuchen und zum Knabbern die Bucheckern, die Sam und Ben gefunden hatten. Etwas anderes war nicht mehr da. Es wurde also höchste Zeit, nach Hause zu fahren.

Am nächsten Vormittag machten sich die Marschalls und Anna auf den Heimweg. Sie sagten dem Platz und der kleinen Hütte, wo sie so viel Schönes aber auch Schweres miteinander erlebt hatten, Ade. Shirley und Sam hofften, dass sie im nächsten Jahr gemeinsam mit Anna hierher zurückkehren könnten. Petzi war nicht mehr aufgetaucht und Anna hatte sich damit abgefunden. Sie hätte ihn ja sicher sowieso nicht mitnehmen können; und im Wald bei seinen Freunden hatte er es ja gut. Wie schon auf dem Hinweg wurde auf der Fahrt lustig geplaudert. Nur, dass es diesmal Anna war, die Onkel Sam Löcher in den Bauch fragte. Sam konnte nur staunen, was sich in den paar Wochen alles geändert hatte. Shirley kämpfte nicht mehr ständig mit den Tränen, jetzt umspielte ein Lächeln ihren Mund. Die Fahrt verrann wie im Flug. Langsam ließen sie die Berge hinter sich. Das Land wurde flacher. Vor ihnen erstreckte sich die kanadische Prärie. Sie fuhren über sanfte Hügel, an einsam gelegenen Farmen vorbei und an riesigen abgemähten Feldern. »Jetzt ist es nicht mehr weit, bis wir da sind.« Onkel Sam blinzelte Anna spitzbübisch zu. Diese rutschte ganz aufgeregt auf ihrem Platz hin und her. Sie fuhren durch Crossfield hindurch und ließen die Stadt hinter sich. Etwa zehn Minuten später bog Sam rechts ab und fuhr einen holprigen Feldweg entlang. Einige hübsche Farmen säumten ihren Weg, bis Sam den Wagen vor der letzten zum Stehen brachte. »Yippieh, wir sind da«, jubelte Ben ausgelassen. Aufgeregt zog er Anna an der Hand. Sam hielt ihn zurück. »Warte Ben, wir gehen zusammen rein und jeder trägt etwas.« Anna staunte, wie schön alles aussah. Vor ihr stand ein heimelig wirkendes, für ihr Empfinden ziemlich großes, Holzhaus, das von einem weißen Holzzaun umgeben war. Davor war ein herrlicher, großer Garten, in dem für die Jahreszeit noch viele Blumen blühten. Vor dem Haus war eine Veranda, auf der eine gemütliche Hollywoodschaukel stand, die von Rosenbüschen fast eingewachsen war.

»Wir gehen am besten erst mal rein«, entschied Sam. »Den Hühnerstall hinter dem Haus zeigen wir dir später.« Im Haus roch es nach Holz, was Anna als sehr angenehm empfand. »Das sind unser Wohnzimmer und die Küche«, zeigte Sam. Anna war von dem gemütlich eingerichteten Wohnzimmer und der riesigen Küche begeistert. Eine Holztreppe führte nach oben. Die Stufen knarrten unter ihren Schritten. Sam und Shirley zeigten Anna auch die anderen Zimmer. Ben ließ es sich nicht nehmen, sein Zimmer selbst zu zeigen. Dann öffnete Shirley die Tür von dem Zimmer, das Jane gehört hatte. »Und hier darfst du deine Sachen auspacken und schlafen«, lächelte sie Anna an. Seit Janes Tod hatte kaum einer dieses Zimmer betreten. »Oh, und hier darf ich wirklich schlafen?«, rief Anna aus und sah entzückt auf das rosafarbene Himmelbett, das in dem Zimmer stand. »Ja, das darfst du«, nickte Shirley, »und du sollst dich hier wie zu Hause fühlen!« Anna stellte ihren Rucksack neben dem Bett ab. »Es ist einfach herrlich hier«, strahlte sie. »Ach, wenn ich doch immer hier bleiben könnte!« Sam und Shirley warfen sich einen viel sagenden Blick zu. Ben zog Anna ungeduldig an der Hand. »Jetzt will ich dir aber alle meine Spielsachen zeigen«, drängte er. Aufgeregt hüpften die beiden davon. Sam und Shirley ließen sie allein. Shirley packte in der Zeit die Koffer aus und Sam fuhr noch einmal weg, um Lebensmittel einzukaufen.

Noch am gleichen Nachmittag rief Sam im Kinderheim an und sagte, dass sich Anna bei ihnen befand. Die Leiterin des Kinderheims klang sehr erleichtert, sie hatte sich große Sorgen um Anna gemacht, das merkte Sam. Er sprach auch gleich seinen Wunsch an, Anna adoptieren zu wollen. Am nächsten Tag rief die Leiterin des Kinderheims zurück, um anzukündigen, dass jemand vorbeikäme, um nach Anna zu sehen.

Endlich ein Zuhause

Anna fühlte sich sehr wohl bei den Marschalls. Sie erkundete mit Ben und den Nachbarmädchen Matthilda und Susan die Gegend und bald waren die vier unzertrennlich. Die Wochen vergingen. Manchmal machte sich Anna Gedanken, wann sie wohl wieder zurück ins Kinderheim musste. Onkel Sam und Tante Shirley hatten bisher nicht darüber gesprochen. Sam und Shirley hatten Anna verschwiegen, dass sie vorhatten, sie zu adoptieren. Sie wollten erst mit Sicherheit wissen, ob es wirklich möglich war, und Anna eine eventuelle Enttäuschung ersparen. Täglich warteten sie auf eine endgültige Antwort.

Anna war die letzte Zeit öfter schlecht gelaunt und weinerlich. Sie hatte mitbekommen, wie oft Onkel Sam in letzter Zeit nach Grey Town ins Waisenhaus gefahren war. Und einmal, als sie gerade die Treppe herunterkam, hatte Onkel Sam telefoniert und Anna hatte noch das Wort »zurück« verstanden. So wartete sie jeden Tag ängstlich darauf, dass sie zurück ins Waisenhaus gebracht wurde. Wie konnte sie auch so dumm sein, anzunehmen, dass sie vielleicht hier bleiben durfte. Sie spürte zwar, dass die Marschalls sie gerne hatten, aber so gerne, wie sie ihre Tochter Jane gehabt hatten, konnten sie sie sicherlich nicht haben. Wie konnte sie nur denken, dass sie Janes Platz einnehmen konnte. Wenn Tante Shirley und Onkel Sam das gewollt hätten, hätten sie es ihr längst gesagt.

Eines Tages musste Onkel Sam wieder einmal nach Grey Town. Er machte ein sehr ernstes Gesicht, als er sich verabschiedete. Wahrscheinlich wollten sie Anna in Grey Town im Waisenhaus auch nicht mehr haben und Onkel Sam war deshalb so oft dort, um mit ihnen zu verhandeln. Anna lief den ganzen Tag wie ein kleiner geprügelter Hund durch die Gegend. Sie wollte weder mit Ben spielen, noch mit Matthilda und Susan. Fast den ganzen Tag blieb sie in ihrem Zimmer. Am späten Nachmittag kam Onkel Sam zurück. In der Hand hatte er zwei lange Schnüre mit riesigen Gasluftballons dran. Anna kämpfte mühsam mit den Tränen. Das war sicher ihr Abschiedsgeschenk! Auch Tante Shirley war heute den ganzen Tag komisch gewesen. Onkel Sam kam ihnen entgegen, umarmte Tante Shirley und flüsterte ihr ins Ohr: »Es hat geklappt!«

»Hallo Anna, hallo Ben, weil heute ein ganz besonderer Tag ist, habe ich euch etwas ganz Besonderes mitgebracht.« »Oh, was ist das, Papa? Ein Luftballon, der ganz von alleine fliegen kann«, prustete Ben begeistert hervor. »Das ist ein Gasluftballon. Das Gas hält den Ballon oben, ihr müsst ihn gut festhalten! Und das sind gebrannte Mandeln.« Sam drückte jedem eine duftende Papiertüte in die Hand. »So, und jetzt möchte ich euch etwas ganz Schönes sagen.« Onkel Sam schaute Anna an. »Anna kann für immer bei uns bleiben, sie gehört ab jetzt zur Familie. Wir haben sie adoptiert. Ich habe heute erfahren, dass es geklappt hat. Anna, wenn du das auch möchtest, kannst du für immer bei uns bleiben.« Anna konnte kaum fassen, was Onkel Sam da gesagt hatte. »Du meinst wirklich für immer, und ich gehöre jetzt richtig zur Familie?«, fragte sie ungläubig. »Ja, für immer«, strahlte Onkel Sam und drückte Anna fest an sein Herz. Anna und Shirley weinten vor Freude. Anna konnte ihr Glück gar nicht fassen. Gemeinsam gingen sie ins Haus und aßen am knisternden Kaminfeuer ihre gebrannten Mandeln.

Plötzlich fragte Anna: »Onkel Sam, hast du vielleicht einen Stift, mit dem ich auf den Luftballon schreiben kann?« »Da muss ich mal nachsehen«, sagte Onkel Sam. Mit einem dicken schwarzen Filzschreiber kam er wieder und drückte ihn Anna in die Hand. »Darf ich etwas auf meinen Ballon schreiben?«, fragte Anna. Onkel Sam nickte. In großen Buchstaben schrieb Anna ›DANKE LIEBER GOTT!‹. Sam und Shirley hatten Tränen in den Augen. »Kannst du mir das auch drauf schreiben, Anna?«, fragte Ben. Anna tat es bereitwillig. »Könnt ich ihn vielleicht hoch in den Himmel fliegen lassen? Ich möchte mich bei Gott bedanken, dass ich jetzt eine Mama, einen Papa und einen Bruder habe«, fragte Anna zögernd. »Das darfst du«, sagte Sam und wischte sich eine Träne aus dem Augenwinkel. »Ich auch«, sagte Ben, »ich will mich für meine neue Schwester bedanken!« Zusammen gingen sie vors Haus. Anna und Ben ließen ihre Luftballons los. Ein Windstoß kam und trug ihren Dank in den Himmel empor.

Ende

hänssler

Weitere bunte und spannende Geschichten für Kinder ab 8 Jahren

Kari Vinje
Adrians Geheimnis
und andere bunte Geschichten
Tb., 112 S., s/w-Ill.,
Nr. 393.046, ISBN 3-7751-3046-2

Adrian ist der Freund der Kinder. Er muss sehr alt sein, denn er hat einen langen weißen Bart und fast keine Haare auf dem Kopf. Die Kinder reden oft von Adrians Geheimnis. Hat er irgendwo einen Schatz versteckt oder ist er in einer Bande, die heimliche Treffen abhält? Eines Tages entdecken Finn und Sjur Adrians Geheimnis ...
In diesem Buch erzählt Kari Vinje lustige, spannende, aber auch ernste Geschichten.

Bitte fragt in Eurer Buchhandlung nach diesem Buch!
Oder schreibt an den Hänssler Verlag, D-71087 Holzgerlingen.

hänssler

Kari Vinje
Kamilla und der Dieb

Kamilla, ein siebenjähriges Waisenmädchen, ist mit
ihrer Schwester auf dem Weg nach Südnorwegen. Da
begegnet sie Sebastian, einem jungen Mann, der viel
Geld gestohlen hat. Sebastian wandert ins Gefängnis,
doch er entkommt und wird ein vielgesuchter Dieb.
»Ist der Mann im spukenden Nachbarhaus wirklich
Sebastian?«, fragt sich Kamilla und lässt sich auf ein
unheimliches Abenteuer ein ...

Band 1:
Kamilla und der Dieb
Tb., 176 S., zahlr. Abb.
Nr. 73.091, ISBN 3-7751-2272-9

Band 2:
Kamilla und Sebastian
Tb., 224 S., zahlr. Abb.
Nr. 73.103, ISBN 3-7751-2641-4

Bitte fragt in Eurer Buchhandlung nach diesen Büchern!
Oder schreibt an den Hänssler Verlag, D-71087 Holzgerlingen.